Martina Naubert

Märchenwelt der Transaktionsanalyse

Psychologische Märchen und Erzählungen
zur Entwicklung der Persönlichkeit

Gewidmet meinen Nichten, Neffen,
Oliver, Alice, Elias, Karina und Melissa, Adrian

Buch

Die TA Märchenwelt ist eine Sammlung von neuen Märchen für alle Erwachsenen, die die Entwicklung der Persönlichkeit als einen nie abgeschlossenen Prozess betrachten. Die Erzählungen sind wie historische Märchen kurz und im traditionellen Stil gehalten.

Märchen wirken auf unbewusster Ebene. Jede Erzählung basiert auf der Philosophie der Transaktionsanalyse und vermittelt auf diesem Wege eine Botschaft, die der Leser auch ohne Kenntnisse der Theorie und Modelle auf sich wirken lässt.

Die Geschichten sind in sich abgeschlossen und haben keine notwendige Reihenfolge, fügen sich jedoch einzeln zu einem großen Gesamtbild zusammen, da sie alle in einem Königreich spielen und die verschiedenen Figuren in den Märchen immer wieder auftauchen. Die Märchen brechen auf positive Weise mit traditionellen Rollenvorbildern, ohne die Faszination der historischen Figuren zu verlieren.

Autorin

Martina Naubert absolvierte fünf Jahre eine Ausbildung in Transaktionsanalyse bei dem Institut Rike Steiner in Nürnberg und schloss diese mit der Praxiskompetenz der DGTA ab. Sie arbeitete über 20 Jahre als Beraterin und Management Trainerin, zuletzt in verantwortlicher Position als Personal- und Geschäftsführerin in einem mittelständischen Unternehmen.

In diesen Jahren erfolgreicher Arbeit mit Menschen in allen Hierarchieebenen eines Unternehmens sammelte sie pragmatische Erfahrungen bei Problemlösungen. Die große Resonanz seitens Seminarteilnehmer auf kurze Geschichten mit zentraler Botschaft ermutigte sie zu dem Projekt der „TA-Märchenwelt". Sie wurde in Kanada geboren, wuchs in Neumarkt i.d. Oberpfalz auf und lebt heute mit Ihrer Familie in Bologna in Italien. Sie beschäftigt sich weiterhin mit Transaktionsanalyse.

Martina Naubert

Märchenwelt
der Transaktionsanalyse

Psychologische Märchen und Erzählungen
zur Entwicklung der Persönlichkeit

Märchenwelt der Transaktionsanalyse
Copyright © 2017 – Martina Naubert
Neuauflage 2021
All rights reserved
No part of this book or title picture may be reproduced or transmitted in any form whatsoever,
electronic, or mechanical, including photocopying, recording, or by any informational storage
or retrieval without express written, dated and signed permission form the author.
Story and picture are pure fiction. Resemblance of story or living persons in this book is not
intended and is pure coincidence.

Printed and published by BoD – Books on Demand, Norderstedt
ISBN: 9783743163195

Inhalt

Das geheime Büchlein 7

Der bestickte Mantel 12

Herr der Ritter 18

Die goldene Brille 26

Die Schlangenbeschwörer 32

Der magische Würfel 40

Der blaue Schlüssel 47

Der Zauber der Wasserfee 56

Die Mutprobe 64

Vier rote Hufeisen 71

Der Kurier des Königs 77

Drei Perlen 85

Bärengold 93

Der Hamster und die Maus 103

Besonderen Dank für die große Unterstützung an alle, die mir während der Entstehung dieser Geschichten konstruktives Feed-back gegeben haben.

„Wir meinen, das Märchen und das Spiel gehöre zur Kindheit: Wir Kurzsichtigen! Als ob wir in irgendeinem Lebensalter ohne Märchen und Spiel leben möchten!"

Friedrich Wilhelm Nietzsche

Das geheime Büchlein

Es lebten einmal in einem Königreich zwei fleißige Müller, die beide jeweils eine stattliche Mühle besaßen. Die eine Mühle war an einem klaren Bach im Süden des Königreichs erbaut. Die andere an einem ebenso schönen Bach im Norden. Im ganzen Land waren sie bekannt als der Nordmüller und der Südmüller. Beide waren wohlhabende Männer, da sie gutes Vollkornmehl mahlten. Sogar der Küchenmeister des Königsschlosses kaufte bei ihnen.

Eines Tages kam zum Nordmüller eine Gruppe Bauern, die alle ihr Korn bei ihm mahlen ließen. Sie fragten ihn, ob er einverstanden wäre, wenn sie vom Bache ein wenig Wasser abzweigten, um ihre Felder an heißen Sommertagen zu bewässern. Der Müller überlegte, dass sein Mühlrad sich nicht mehr drehen könnte, wenn sie zu viel Wasser ableiten würden. Dieser Gedanke sorgte ihn. Da er aber fürchtete, dass die Bauern ihr Mehl beim Südmüller mahlen lassen würden, wenn er ihrem Willen nicht nachkam, erwiderte er nichts und stimmte zu. Er sagte sich, er wollte mit ihnen verhandeln, wenn es so weit war.

Der Müller hatte ein geheimes, kleines Büchlein, in das er immer notierte, was er nicht aussprach. Das Büchlein war sein verborgener

Schatz. Eines Tages würde es beweisen, welch ein guter Mann er stets gewesen war. So notierte er auch diesmal seine Bedenken, ohne sie auszusprechen. Und gleich ging es ihm wieder gut und er vergaß die Sache.

Während die Bauern emsig daran arbeiteten, Gräben zu ziehen, kam der Küchenmeister des Schlosses zur Mühle. Er bat den Müller, ihm alle seine Vorräte für ein großes Fest im Schloss zu verkaufen. Der Müller überlegte, dass er selbst ein wenig Mehl brauchte, um Brot zu backen und die Bäcker im Norden des Königreiches zählten auf ihn, um ihre Backstuben zu betreiben. Wenn er nun alle seine Vorräte dem Schlossmeister verkaufte, hatte er nicht mehr genug für die Backstuben. Da der Küchenmeister aber ein hoher Herr war, der dem Königshaus sehr nahestand, sagte er nichts und stimmte zu. Er dachte bei sich, er wollte bei Hofe vorsprechen, wenn es so weit war. Bis dahin notierte er in sein geheimes Büchlein seine Bedenken.

Der Küchenmeister kam am nächsten Tag mit vier Karren, um die Mehlsäcke zu beladen. Er war in Begleitung der kleinen Prinzessin, die noch nie eine Mühle gesehen hatte und deshalb von der Königin auf diese Fahrt geschickt worden war, um den Vorgang des Mehlmahlens zu verstehen.

Während der Küchenmeister die Säcke auflud, erklärte der Müller der kleinen Prinzessin, wie das große Mühlrad die schweren Mühlsteine drehte und so das Korn zu Mehl verarbeitete. Die Katze des Müllers schlich dabei beständig um die Beine der Prinzessin und ließ sich streicheln.

Als der Küchenmeister mit dem Beladen fertig war und wieder abfahren wollte, bettelte die Prinzessin den Müller, er wolle ihr die Katze lassen. Der Müller überlegte, dass er ohne Katze der Mäuse, die das Korn in einer Mühle anzog, nicht mehr Herr werden würde. Und eine Mäuseplage in einer Mühle war eine große Sorge.

Da es aber die kleine Tochter des Königspaares war, die ihn so dringlich bat, wagte er nicht ihr die Bitte abzuschlagen. Er sagte nichts und ließ die Prinzessin die Katze mitnehmen. Er dachte, er wollte bei Hofe vorsprechen, wenn es so weit war. Bis dahin notierte er in sein Büchlein seine Bedenken.

Die Tage vergingen und der Müller vergaß die Vorfälle, bis er eines Morgens erwachte und das vertraute Geräusch des knarrenden Mühlrades nicht mehr hörte. Er eilte hinaus um nach dem Rechten zu sehen.

Aber was musste er erblicken! Der einst klare Bach war zu einem Rinnsal geworden. Das Mühlrad stand still und bewegte sich keinen Zentimeter mehr.

„Oh je, oh je!", jammerte der Nordmüller sich mit den Händen an den Kopf fassend. „Welch ein Unglück! Das Wasser genügt nicht mehr, um die Mühle zu drehen! Oh je, oh je! Ich armer Mann!"

Er erinnerte sich an die Bitte der Bauern. Er beschloss, sofort zu ihnen zu fahren, um die Sache mit den Wassergräben rückgängig zu machen.

Als der erste Bauer ihn erblickte, rief er ihm freudig entgegen:

„Wie gut, Nordmüller, dass du kommst! Du bringst mir wohl mein Mehl, für das ich dir mein Korn gegeben habe?"

Der Müller erinnerte sich an die Bitte des Küchenmeisters, dem er alle Vorräte verkauft hatte. Auch das Mehl des Bauern.

„Oh je, oh je!", jammerte er bei sich. „Was kann ich tun? Alles Mehl ist im Schloss! Ich armer Mann!"

Er entschied, zum Küchenmeister ins Schloss zu fahren, um einen Teil des Mehls zurückzufordern.

Geschwind eilte er nach Hause, um sein geheimes Büchlein zu holen, in welchem alles notiert war. Als er jedoch die Mühle betrat, stoben hunderte von Mäusen auseinander, die sich fleißig daran gemacht hatten, ihre Nester in der Mühle zu bauen.

„Oh je! Oh je!", jammerte der Müller. „Eine Mühle mit Mäusen ist des Müllers Ruin!"

Der Müller erinnerte sich an die Bitte der Prinzessin und beschloss, auch seine Katze zurückzufordern.

Er musste sogleich mit seinem geheimen Büchlein bei Hofe vorsprechen. Diese verfahrene Angelegenheit konnte nur noch vom König selbst in Ordnung gebracht werden.

Er sattelte sein Pferd und ritt los in Richtung des Schlosses, welches schon von weitem auf einem Hügel sichtbar war.

„Verehrter König", klagte der Nordmüller. „Ich bin der bedauernswerteste Mensch im Königreich! Ich war immer gut und ein braver Mensch. Ich habe allen gegeben, was sie wollten. Der Beweis steht hier in diesem Büchlein. Aber niemand sorgt sich um mein Wohl! Als Dank für meine Freundlichkeit haben sie mich alle ruiniert!"

Und er schilderte, wie es zugegangen war, dass er nun ohne Wasser für sein Mühlrad, ohne Vorräte an Mehl und mit einer Mäuseplage gestraft war. Der König hörte ihn ruhig an und als der Müller zu Ende gesprochen hatte, sagte er:

„Geehrter Nordmüller, ich kann dir in dieser Sache nicht helfen. Es gibt kein Gesetz, das sagt, wie viel Wasser du abtreten musst. Es gibt kein Gesetz, das dir vorschreibt, wie viel Mehl du verkaufen musst. Und es gibt kein Gesetz, das dich anweist, deine Katze zu verschenken – auch nicht an eine Prinzessin. Du musst selbst zusehen, wie du die Sache wieder in Ordnung bringst."

„Das ist ungerecht!", rief der Nordmüller, der nicht einsehen wollte, dass er sein Schicksal ganz alleine zu verantworten hatte. Er stampfte wütend aus dem Schloss. Mit jedem Schritt wurde er rasender, denn er wusste tief in seinem Inneren, dass der König recht hatte. Und je weiter er sich entfernte umso mehr wuchs sein Groll und es wurde ihm ganz heiß. Er wusste nicht mehr wohin mit seiner Wut und als er zu platzen drohte, verwandelte er sich - BUFF! - in einen bösen Drachen. Er fraß das geheime Büchlein vor lauter Wut auf und stampfte fauchend in Richtung des Waldes.

Zur selben Zeit sprachen auch beim Südmüller einige Bauern vor. Auch sie baten darum, Wassergräben ziehen zu dürfen. Auch der Südmüller überlegte, dass er das Wasser für sein Mühlrad benötigte. Und auch er wollte die Bauern nicht verärgern, da sie ihr Mehl bei ihm mahlen ließen. Deshalb antwortete er:

„Wenn ihr das Wasser hinter meiner Mühle abgraben wollt, so soll es mir recht sein! Wenn das Wasser das Mühlrad einmal gedreht hat, könnt ihr es gerne für eure Felder verwenden."

Auch der Küchenmeister des Schlosses kam, um alle seine Mehlvorräte für ein Fest zu kaufen. Aber der Südmüller antwortete: "Ich kann Dir nur zwei Drittel meines Vorrates geben. Den Rest brauche ich, um meine Geschäfte weiter zu betreiben."

Der Küchenmeister wurde wütend und kehrte heraus, dass das Mehl für den Königshof sei. Er drohte ihm, es dem Königspaar zu erzählen. Aber der Südmüller nahm seinen Mut zusammen und schlug vor:

"Wenn du beim Bauern ein paar Kartoffeln und Kastanien kaufst, kann ich dir daraus Mehl bereiten. Es ist nicht so fein wie Dinkelmehl. Aber der Koch kann daraus neue Speisen anrichten, die eine Überraschung für das Fest sein werden!"

Die Idee gefiel dem Küchenmeister und er ging auf den Vorschlag ein. Als er die Kartoffeln und Kastanien in die Mühle brachte, sprang der kleine Prinz vom Wagen. Seine Schwester hatte ihm von der Mühle erzählt, wo sie die wunderschöne Katze geschenkt bekommen hatte.

Auch er wollte eine Mühle sehen und eine Katze als Geschenk mitnehmen.

Der Südmüller fürchtete, dass der König böse auf ihn werden würde, wenn er dieser Bitte nicht nachkam. Er hatte ja bereits nur mit Mut und Klugheit den Küchenmeister überzeugt, ein wenig anderes Mehl zu kaufen. Es war ihm nicht wohl, als er dem kleinen Prinzen antwortete:

„Ich kann dir meine Katze nicht geben. Ich brauche sie, damit sie Mäuse fängt und mir die Mühle sauber hält."

Der kleine Prinz verschränkte enttäuscht die Arme vor der Brust.

„Der Nordmüller hat meiner Schwester die Katze geschenkt!", sagte er beleidigt. Auch der Küchenmeister blickte den Südmüller wieder grimmig an.

„Nun", antwortete dieser weise. „Vielleicht hatte der Nordmüller zwei Katzen und konnte deshalb eine verschenken? Ich habe jedoch nur diese eine. Ich kann sie dir wohl schenken, aber erst, wenn die letzte Maus gefangen ist. Willst du so lange warten, dann sind wir uns einig?"

Der kleine Prinz wiegte den Kopf. Das schien ihm ein faires Angebot und nach einer Weile nickte er: „Einverstanden."

So fuhr er mit dem Hausmeister zurück ins Schloss, ohne weiter auf sofortige Erfüllung seines Wunsches zu bestehen.

Da der Nordmüller nicht mehr gesehen war, kauften von diesem Tag an alle ihr Mehl beim Südmüller und brachten das Korn zu ihm. Seine Katze fing weiter fleißig Mäuse und da sie gut genährt und gesund war, brachte sie im nächsten Frühjahr sechs kleine Kätzchen in einem Eck der Mühle zur Welt. Der Südmüller wählte das Kleinste unter ihnen aus, um es ins Schloss zum Prinzen zu bringen und somit unvorhergesehen sein Versprechen einzulösen.

Schon bald musste der Südmüller seine Mühle vergrößern und Lehrlinge einstellen, weil er die Arbeit alleine nicht mehr schaffte. Er baute auch ein großes Windrad auf das Dach seiner Mühle, damit er sowohl Wasser als auch Wind nutzen konnte, um das Mehl zu mahlen. Seine Mühle wurde groß und stattlich und wurde berühmt im ganzen Königreich.

Aber seit diesem Tage fürchtete man im tiefen Wald einen bösen Drachen, der dort für alle Zeiten sein Unwesen treiben sollte.

Der bestickte Mantel

Eines Tages waren ein Schneider und eine Schneiderin in die Stadt gekommen. Sie hatten seltsam lange Kleider und die Frau hatte einen roten Punkt mitten auf der Stirn getragen. So etwas hatten die Menschen noch nie gesehen, weshalb sie in ihrer Tätigkeit innegehalten und dem Paar hinterhergeblickt hatten. Die Schneiderleute hatten ein großes Schild an einem Haus am Ende der Straße angebracht, auf welchem in großen Lettern *„SCHNEIDEREI"* zu lesen war. Dort hatten sie sich niedergelassen und kurze Zeit darauf war ein kleines Mädchen zur Welt gekommen.

Die beiden Schneiderleute waren so flink mit der Nadel und so geschickt mit den Stoffen, die sie mitgebracht hatten, dass bald viele Menschen bei ihnen Kleidung für besondere Anlässe fertigen ließen. Die Tochter der Schneiderleute wuchs heran und lernte das Handwerk ihrer Eltern. Sie trug, wie ihre Mutter, einen roten Punkt auf der Stirn, aber mittlerweile fanden das die Menschen im Königreich nicht mehr seltsam.

Eines Tages hatte die Mutter begonnen, einen neuen Wintermantel für ihren Mann zu fertigen, damit dieser auch in der kalten Jahreszeit die neue Ware zu den Kunden ausfahren konnte. Wann immer sie ein wenig Zeit erübrigen konnte, arbeitete sie daran weiter.

Morgens stand sie auf und machte Feuer, damit es in der Nähstube schön warm war. Ihr Mann aß ein Stück Brot, trank einen Becher warmer Milch und ging dann sogleich frisch an die Arbeit des Tages, indem er sich die Schlafmütze vom Kopf zog und auf den Küchentisch warf. Jeden Morgen ging er so, fröhlich pfeifend, denn er war ausgeruht und ein Mann mit stets gutem Humor, ans Werk. Seine Frau aber gab darüber immer einen lauten Seufzer von sich. Und weil er sich seine gute Laune nicht verderben lassen wollte, pfiff er umso lauter. Seit sie in dieses ferne Land gekommen waren, hatte es sich jeden Morgen so zugetragen.

Mittags schickte die Frau ihre Tochter zu den Brotbäckern, um für die Mahlzeit frisches Brot zu kaufen. Es war die Aufgabe des Schneiders dann Feuerholz für den Ofen hereinzuholen, damit seine Frau kochen konnte.

„Ich gehe gleich", sagte er stets, „ich beende nur noch diese eine Naht!" Und damit steckte er den Kopf so lange in seine Arbeit, bis das Mädchen wieder nach Hause kam. Da die Tochter nicht wollte, dass die Eltern sich wegen des Feuerholzes stritten, lief sie immer gleich wieder hinaus und brachte einen Arm voll Scheite in die Küche. Aber so sehr sie sich auch bemühte, jedes Mal war ihr Kleid von dem Holz verschmutzt und die Mutter machte einen tiefen Seufzer. Seit sie in dieses ferne Land gekommen waren, hatte es sich jeden Mittag so zugetragen.

Wenn es Abend wurde, legte der Mann müde seine Arbeit zur Seite, rieb sich die Augen und streckte sich. Dann stand er von seinem Platz auf und trat für einen kleinen Spaziergang vor das Haus. Und wieder machte seine Frau einen tiefen Seufzer, noch lauter als morgens und mittags. Er hörte es stets, da sie aber nie sprach, blickte er sich auch niemals um.

Indessen erhob sich seine Frau von ihrer Arbeit, besah die Stoffreste, die er immer verstreut auf dem Tisch zurückließ, seufzte noch einmal etwas leiser und begann dann sie in die dafür vorgesehenen Truhen zu falten. Seit sie in dieses ferne Land gekommen waren, hatte es sich jeden Abend so zugetragen.

Dementsprechend ging es Tag für Tag und der Schneider und seine Tochter gewöhnten sich daran, dass die Schneiderin ihre Stunden damit zubrachte zu seufzen und nichts zu sagen.

Eines Tages jedoch wurde die Schneiderin des Seufzens leid. Sie nahm den fast fertigen Mantel zur Hand und begann diesen in feinen Buchstaben zu besticken: *Schlafmütze in den Bettkasten, Stoffreste in die*

Truhe und in besonders großen Buchstaben stickte sie *Feuerholz holen*. Damit die Worte auch gut lesbar sein würden, hatte sie vom Schmied einen Faden aus Metall fertigen lassen, wie er für die Kettenhemden der Ritter verwendet wurde.

Sie arbeitete viele Tage an der neuen Stickerei. Das war eine mühevolle Arbeit, aber sie fand ihr Werk gelungen und war froh darüber.

Ihr Mann war bester Laune, dass seine Frau aufgehört hatte zu seufzen, bevor der Tag begann. Die Tochter war glücklich, weil die Mutter nun nicht mehr klagte, wenn sie ihr Kleid beschmutzte und abends ging der Schneider auf lange Spaziergänge ohne von einem lauten Seufzer seiner Frau verabschiedet zu werden.

Als der erste Schnee fiel, musste der Schneider hinausfahren, um der Frau des Schlossverwalters ein neues Kleid zu liefern. Die Schneiderin machte das Paket zur Lieferung fertig und überreichte es ihrem Mann mit den Worten:

„Es ist kalt geworden. Nimm diesen neuen Mantel hier, den ich dir für den Winter geschneidert habe. Ich habe mir besonders viel Mühe mit den Stickereien gemacht. Betrachte diese nur in Ruhe so lange du auf dem Weg bist."

Und damit schloss sie die Tür hinter ihrem Mann und machte sich wieder an die Arbeit. Sie arbeitete viele Stunden so flink wie schon lange nicht mehr und erwartete gespannt die Rückkehr ihres Mannes.

Der aber kam nicht.

Es wurde dunkel und ein kalter Wind pfiff um das Haus. Es stob so viel Schnee durch die Nacht, dass man die anderen Häuser der Stadt kaum noch sehen konnte.

Da wurde der Schneiderin bange und sie sagte zu ihrer Tochter:

„Der Vater ist noch nicht zurück. Vielleicht findet er den Weg nicht mehr mit all dem Schnee? Wir müssen ihn suchen!"

Das Mädchen zog sich eine Decke über den Kopf und um die Schultern und eilte zu ihren Freunden. Der Sohn des Schmieds und die Brüder des Stadthalters ritten sogleich mit ihren Pferden los, um den Schneider zu suchen.

Es dauerte nicht lange und sie fanden ihn unbeweglich am Wegesrand vor dem Stadttor im Schnee sitzend.

Die jungen Burschen wollten ihn gemeinsam auf ein Pferd ziehen, aber der Mantel des Mannes war so schwer, dass sie ihn nicht heben konnten. Also riefen sie weitere Freunde zu Hilfe. Erst als sie sechs Burschen waren, gelang es ihnen, den Schneider auf einen Karren zu hieven und nach Hause zu fahren. Dort setzten sie ihn auf einen Stuhl vor das Feuer, damit der Schnee, der ihn über und über bedeckte, tauen mochte.

„Zieh den Mantel aus. Hier drinnen ist es warm, du brauchst ihn hier nicht mehr!", sagte die Tochter und wollte ihm das Kleidungsstück abnehmen.

Aber er konnte den Mantel nicht abstreifen.

Da zogen die Schneiderin und das Mädchen gemeinsam an den Ärmeln, aber weder der Mantel noch der Schneider bewegten sich einen Zentimeter.

„Es geht nicht", jammerte der er. „Ich kann mich nicht bewegen."

Ratlos standen die Schneiderin und ihre Tochter vor dem Mann, der unbeweglich in seinem Mantel an den Stuhl gefesselt schien.

„Der Mantel ist bestimmt gefroren und ist deshalb so steif, dass du ihn nicht ablegen kannst!", sagte die Tochter. „Wenn du hier vor dem Feuer sitzen bleibst, wird er morgen früh ganz weich sein."

Gesagt, getan.

Sie schlichteten neues Holz in das Feuer im Ofen und legten sich schlafen.

Am nächsten Morgen saß der Schneider, wie sie ihn verlassen hatten: bewegungslos und steif in seinem Mantel. Diesmal pfiff er nicht, denn er hatte schlecht geschlafen und war übler Laune. Die Tochter brachte ihm ein Stück Brot und einen Becher warmer Milch, aber er machte weiter ein grimmiges Gesicht.

Da holte die Schneiderin die große Stoffschere aus der Nähstube und sagte: „Es tut mir in der Seele weh, diesen Mantel zu zerschneiden, jedoch es muss sein!"

Aber es gelang ihr nicht, die Schere in den dicken Stoff des Mantels zu bohren. So sehr sie sich auch bemühte, sie konnte nicht einmal die Nähte trennen.

Was konnte man nun tun?

Die Schneiderin und ihre Tochter liefen im Kreis um den Stuhl, rieben sich das Kinn und dachten nach. Die Mutter lief rechts herum, die Tochter links und der Schneider blickte abwechselnd von einer zur anderen. Ihm wurde ganz schwindelig davon, deshalb sagte er:

„Es nützt nichts, im Kreis zu laufen! Geht zum Schmied und bittet ihn mit seiner Eisenzange zu kommen!"

Aber auch der Schmied konnte mit der großen Zange nichts ausrichten. Der Mantel hielt den Schneider steif und fest gefangen.

Nun war guter Rat teuer.

Da fasste sich die Schneiderin ein Herz, nahm ihr warmes Schultertuch und ging zur Tür: „Ich werde ins Königsschloss gehen und die Königin um Rat bitten."

Es dauerte einen ganzen Tag, bis die Schneiderin durch den Schnee stapfend das Königsschloss erreichte. Sie hatte es bisher nur aus der Ferne auf dem Hügel mitten im Königreich gesehen und sie staunte, weil es viel prächtiger und größer war, als sie es sich vorgestellt hatte.

Die Königin hörte ihr lange schweigend zu, als sie die ganze Geschichte ausführte, wie sie sich zugetragen hatte. Selbst als sie mit ihren Schilderungen zu Ende war, sagte die Königin noch nichts und blickte die Schneiderin lange an.

„Nun", meinte sie dann nach einer Weile, „da kannst du nur eines tun."

Sie griff in eine Schale mit Früchten, die neben dem Thron auf einem Tischchen stand und reichte diese der Schneiderin mit den Worten:

„Füttere diesen Apfel deinem Mann. Er ist für jeden Seufzer, den du morgens getan hast!"

Die Schneiderin ergriff den Apfel und nickte.

„Füttere diese Dörrpflaume deinem Mann. Sie ist für jeden Seufzer, den du mittags getan hast."

Die Schneiderin nahm die Trockenpflaume entgegen.

„Und füttere ihm diese Nuss für jeden Seufzer, den du abends getan hast."

Die Schneiderin nahm auch die Nuss und verwahrte die Früchte in den Taschen ihres Rocks. Sie dankte der Königin und wollte sich sofort auf den Weg machen.

„Nimm auch diese Laterne, damit du den Weg in der Dunkelheit findest", sagte die Königin, als sich die Schneiderin schon verabschiedete.

Das war sehr weise, denn es war eine mondlose Nacht, so dunkel, dass die Schneiderin sich bestimmt verlaufen hätte. Die Laterne leuchtete ihr den rechten Weg und als der Morgen graute, schritt sie durch das Stadttor und eilte zum Haus.

Sie tat, wie ihr die Königin geraten hatte und als der Schneider den Apfel aufgegessen hatte, den ihm seine Frau Stück für Stück in den Mund geschoben hatte, lösten sich die Fäden der ersten Stickerei auf dem Mantel. Schnell zog die Frau das Garn aus dem Wollstoff. Als sie dies tat, verwandelte sich der schwere Bleifaden in einen leuchtenden Silberzwirn.

Sogleich fütterte sie ihrem Mann auch die Dörrpflaume und wieder löste sich eine Stickerei und der Faden verwandelte sich in ein goldenes Bändchen.

Ermutigt von diesen Erfolgen wollte sie ihm auch die Nuss reichen, doch der Schneider war satt und wollte nichts mehr essen. Er schüttelte den Kopf und kniff den Mund zusammen. Er versuchte, sich zu bewegen, aber noch immer hielt der Mantel ihn fest. Da seufzte er tief und beschloss, auch die Nuss noch zu essen.

Es lösten sich auch die restlichen Stickereien und die Frau zog eine diamantene feine Schnur aus dem Mantel. Als der letzte Faden gezogen war, sprang der Schneider auf die Beine und hüpfte freudig durch den Raum, obwohl er den warmen Mantel noch immer trug. Er fasste seine Frau an den Schultern und wirbelte sie tanzend durch die Stube.

Die wertvollen Fäden verarbeiteten sie in den Stoffen, aus welchen sie prächtige Kleidung fertigten. Von diesem Tag an ließ sogar die Königin bei den Schneiderleuten nähen, da man nirgends im ganzen Lande solch herrliche Stoffe fand.

Die Schneiderei wurde berühmt weit über das Königreich hinaus. Die Tochter erlernte die Kunst der wertvollen Fadenverarbeitung und sie hatten ein gutes Auskommen.

Bis ans Ende Ihrer Tage ward niemals mehr ein Seufzer im Haus der Schneiderleute zu hören.

Herr der Ritter

Es war einmal, vor langer Zeit in einem Königreich mit einem herrlichen Schloss auf einem Berg in der Mitte des Landes, da wurde jedes Jahr zum Geburtstag der Königin ein Ritterturnier abgehalten.

Zahlreiche edle Reiter aus vielen Ländern kamen dann des Weges, um den Wettkampf anzutreten und die Siegestrophäe nach Hause in ihr eigenes Königreich zu bringen.

Jedes Jahr kamen mehr Reiter und die Ritter des Königreiches begannen zu murren, weil es immer öfter geschah, dass ein fremder Reiter das Tournier gewann und alle Zuschauer dann diesen Fremden zujubelten.

„Das ist nicht recht", sprachen sie zum Schlossverwalter, der die Aufgabe hatte, die Wettkämpfe zu organisieren. „Wir sind die Ritter dieses Königreiches. Die Leute wissen gar nicht, dass sie fremden Reitern zujubeln, denn sie tragen alle Rüstungen wie wir und sie können uns nicht unterscheiden!"

Um den Unmut der Ritter zu zähmen, versprach der Verwalter über das Anliegen nachzudenken. Er wusste aber, dass das Königspaar die Gäste aus den fernen Reichen geladen hatte und er drohte in Ungnade zu fallen, wenn er das Turnier ohne die Gäste austragen lassen würde.

So überlegte er hin und her, was er tun konnte, um die Ritter zu besänftigen ohne das Königspaar zu verärgern. Aber es kam ihm kein guter Gedanke. Deshalb beschloss er nach einigen Tagen des vergeblichen Nachdenkens, den Weg zum Wirtshaus der Stadt auf sich zu nehmen, um sich mit seinen Freunden zu besprechen. Vielleicht hatten diese eine Idee?

Er kannte den Weg sehr gut, denn er ging ihn jede Woche einmal, um genau am selben Wochentag zur selben Zeit mit dem Schmied, den Schneiderleuten und dem Südmüller einen oder zwei Becher Wein zu teilen.

Doch als er diesmal am Fuße des Schlosshügels in den Weg Richtung der Stadt einbog, fand er an dieser Stelle, die sonst nur von Feldblumen um einen Baum geziert war, einen hölzernen Wagen vor, vor dem ein weißes Pferd gespannt war. Davor saß ein alter Mann, aufgestützt auf einen Stock.

„Ei, was machst du für ein saures Gesicht!", sagte dieser, „welche Laus ist dir, guter Mann, über die Leber gelaufen?"

Der Schlossverwalter blieb stehen und zuckte die Schultern.

„Ein jeder hat so seine Sorgen!", gab er zur Antwort und wollte weiter seines Weges ziehen.

Doch der alte Mann versperrte ihm mit seinem Stock den Weg.

„Dafür bin ich genau der Richtige!", meinte er und zeigte mit demselben Stock auf ein buntes Schild am Wagen, auf welchem in großen Lettern geschrieben stand: Wundermacher.

„Ein Wunder brauche ich nicht, aber ein guter Rat könnte mir nicht schaden!", sprach der Schlossverwalter.

„Ich habe schon gar vielen Verzweifelten geholfen. Erzähl mir nur, wo dich der Schuh drückt!"

Da schilderte der Verwalter dem alten Mann seine missliche Lage und davon, dass egal, was er entschied, er entweder die Ritter oder das Königspaar gegen sich aufbringen würde.

„Aber nichts ist leichter als das!", rief der alte Mann und winkte ihn näher zu sich. Als der Verwalter nahe genug war, zog er ihn dicht an sein Ohr und flüsterte: „Es gibt zwei Trophäen: Eine für die Ritter dieses Landes und eine für die Fremden!"

„Das ist in der Tat ein guter Ratschlag!", freute sich der Verwalter. „Du kennst dein Geschäft, das muss ich dir lassen!"

„Nimm dich nur in Acht und sage keinem, dass du diesen Rat von mir hast", sprach der alte Mann. „Es ist nicht gut, wenn die Leute glauben, dass du selbst nicht auf eine solch gute Idee gekommen bist."

Der Verwalter nickte beflissen, zahlte einen Taler und ging erleichtert seines Weges.

Was der Schlossverwalter aber nicht wusste, war, dass der alte Mann ein verkleideter böser Zauberer war, der auf einem hohen Berg in einem einsamen Hause lebte. Er hatte von dem Unmut der Ritter gehört und die langersehnte Gelegenheit für sich erkannt, endlich die Macht im Königreich zu ergreifen. Er wollte schon sehr lange selbst im prächtigen Schloss auf dem Hügel wohnen.

Dieser einfältige Schlossverwalter war ihm auf den Leim gegangen und nun konnte er seinen Plan weiterverfolgen, bis er Herr des Schlosses sein würde.

Kaum war der Wanderer außer Sicht, sprang er auf seinen Schimmel und ritt laut lachend in die Nacht.

In diesem Jahr gab es, zur Überraschung aller, zwei Sieger, die vom Platze ritten und die Menschen jubelten beiden gleichermaßen zu. Das Turnier war ein großer Erfolg und die Gäste aus den anderen Königreichen beglückwünschten das Königspaar für ein so großartiges Fest.

Die neue Idee gefiel der Königin so sehr, dass sie sagte:

"Nächstes Jahr laden wir auch noch all die mutigen Mädchen der Königreiche zu diesem Turnier ein. Wer von ihnen es mit den Rittern aufnehmen will, ist herzlich willkommen. Es wird ein aufregendes Turnier werden!"

Die Kurierin des Königspaares, die die schnellste weit und breit war, vernahm die Botschaft mit großer Freude. Sie war erfahren zu Pferde und wollte es in der Geschicklichkeit gerne mit den Rittern aufnehmen. Sie besorgte sich eine Rüstung und übte von diesem Tag an fleißig jeden Abend.

Und so kam es, dass im Jahr darauf einer der beiden Sieger tatsächlich die Kurierin war, die sich über die Trophäe sehr freute.

Der böse Zauberer indessen war dem Turnier nicht ferngeblieben und hatte sich, versteckt in einer schwarzen Rüstung, unter die Ritter gemischt. Als die Kurierin von der Königin geehrt wurde, raunte er den Rittern zu:

„Es ist recht schwierig, dass ein Mädchen so offensichtlich am Turnier teilnimmt. Kein edler Ritter wird je eine Frau von einem Pferd stoßen! Er wird ihr stets den Vorrang lassen."

„Das ist wahr!", riefen da die Ritter. „Es ist ein recht ungleicher Kampf, den wir als wahre Ritter nie gewinnen können!"

Gleich eilten sie zum Schlossverwalter, um ihm ihren Unmut kundzutun.

„Das ist nicht recht", sprachen sie zu ihm. „Wir sind die edlen Ritter dieses Königreiches und müssen Frauen ehren, wie es sich für wahre Ritter gebührt. Wie können wir je einen Wettkampf gewinnen, wenn ein Mädchen unser Gegner ist?"

Um den Unmut der Ritter zu zähmen, versprach der Verwalter wieder darüber nachzudenken.

Diesmal machte er sich gleich auf den Weg in die Stadt und fand an der Weggabelung auch tatsächlich wieder den Wagen mit dem weißen Pferd und dem alten Mann davor. Seine Erleichterung war so groß, dass er ihm einen Taler reichte, bevor er überhaupt gesprochen hatte.

„Ich brauche wieder deinen Rat!", sagte er dann und schilderte, wie es einhergegangen war, dass er sich abermals in derselben aussichtslosen Lage befand, wie ein Jahr zuvor.

„Nichts ist leichter als das!", antwortete der alte Mann und winkte das Ohr des Wanderers mit dem Zeigefinger nahe an seinen Mund.

„Es ist das Haar der Mädchen, das die Ritter ablenkt. Deshalb dürfen sie niemals das Visier aufklappen, wie sie es jetzt oft tun. Auch nicht bei der Siegesfeier. So kann ein Ritter nicht wissen, ob er Mann oder Frau besiegt."

„Das ist in der Tat ein guter Ratschlag!", rief der Verwalter erleichtert. „Du kennst dein Geschäft gut."

Der Schlossverwalter bedankte sich und wollte eilig seines Weges gehen. Aber der Zauberer hielt ihn geschickt zurück.

„Ich höre, dass dieses Jahr nicht ein einziger edler Ritter unseres Königreiches eine Trophäe gewonnen hat?"

Der Verwalter brummte ein wenig und trat unsicher von einem Bein aufs andere. In der Tat hatte er sich schon Sorgen gemacht, dass die Ritter bald mit dieser Beschwerde zu ihm kommen würden.

„Das ist wahr", gab er zu. „Aber das Mädchen und der Fremde haben redlich gewonnen und daran kann ich nichts ändern."

Der alte Mann ergriff seinen Stock und wetterte damit in der Luft.

„Die Menschen sprechen schlecht darüber. Es missfällt ihnen, wenn ein Fremder und ein Mädchen die edlen Ritter ausspielen! Das gesamte Königreich wird beschämt, wenn die hohen Reiter bloßgestellt werden."

„Das Volk sagt das?", fragte der Schlossverwalter erschrocken, denn er dachte nun, dass seine Lage noch viel tragischer war, als er geglaubt hatte. Wenn das Turnier nicht mehr Ruhm und Erfolg für das Königspaar und das ganze Königreich brachte, war er ruiniert. Hatte er zuvor sich keine Hilfe gewusst, so war er nun völlig ratlos.

„Ich hätte auch hierfür einen Rat für dich!", sprach der Zauberer. „Dieser kostet aber mehr als einen Taler!"

Da der Schlossverwalter die ersten beiden Ratschläge des Wundermachers für gut hielt, war er bereit jeden Preis zu zahlen. Er nahm zwei Taler aus seinem Beutel, aber der alte Mann schüttelte den Kopf.

„Gibt mir dein Wort, dass du der treue Diener des Schlossherren bleiben wirst, auf dein ganzes Leben!"

Der Verwalter war dem Königspaar treu ergeben und befand die Bezahlung eines so dringenden Rates mit diesem Versprechen als geschenkt. Und dass dem alten Mann so an seiner Königstreue gelegen war, machte seine Ratschläge noch wertvoller.

„Ich verspreche es", sagte er feierlich ohne Zögern.

„Nun", sprach der Wundermacher. „Drei Dinge musst du tun: Sorge dafür, dass die Mädchen das Visier Tag und Nacht geschlossen halten. Wer es nicht tut, wird vom Turnier für immer ausgeschlossen."

Der Verwalter nickte.

„Sorge dafür, dass alle fremden Ritter mit einem roten Gurt gekennzeichnet sind. Wer ihn nicht trägt, wird für immer des Reiches verwiesen. Sie müssen diesen Gurt stets tragen, auch nach dem Turnier."

Der Verwalter nickte.

„Trage Sorge dafür, dass alle Menschen im Königreich zum Siegesfest geladen sind, aber nur, wenn einer der edlen Ritter unseres Landes gewinnt."

Da der erste Ratschlag des alten Mannes ein so erfolgreicher gewesen war, nahm der Verwalter die drei Aufgaben ohne zu überlegen an und befand sie als gut.

„Das werde ich tun!", sprach er. „Du kennst dein Geschäft gut."

„In der Tat, in der Tat!", kicherte der Zauberer in sich hinein, als der gute Mann sich wieder auf den Rückweg ins Schloss machte.

Schon bald wurden die neuen Regelungen verkündet und die Menschen im Reich freuten sich über die bevorstehende Einladung zu einer Siegesfeier im Schloss. Sie lobten und rühmten das Königspaar für diese Großzügigkeit, die man selten gesehen hatte.

Sobald aber der erste Fremde mit einem roten Gurt im Königreich auftauchte, begannen die Menschen diesen mit Argwohn zu betrachten. Ein Solcher durfte nicht gewinnen, denn dann würde es die Einladung zur Siegesfeier nicht geben.

Die Mädchen, die am Turnier teilnehmen wollten, versuchten indes vergebens, die Nacht mit einem Helm mit geschlossenem Visier zu verbringen. Sie fanden keine Ruhe mehr und wurden mit jeder verstreichenden Nacht immer müder. Eine nach der anderen gab auf und nahm den Helm ab. Nur die Kurierin ließ sich nicht entmutigen, obwohl auch sie schon so müde war, dass sie sich kaum noch auf ihrem Pferd halten konnte, wenn sie ihre Botenritte ausführte.

Schließlich kam der Tag des großen Turniers. Mehr Menschen denn je begaben sich zum Schloss. Alle wollten an der bevorstehenden Siegesfeier teilnehmen. Die Tribünen waren voll besetzt und das Volk stand dicht gedrängt Schulter an Schulter um den Schauplatz.

Als die Ritter Einzug hielten, jubelten die Menschen ihnen begeistert zu und winkten mit den Fahnen in den Farben des Königreichs. Der böse Zauberer ritt in seiner schwarzen Rüstung auf seinem Schimmel mit und weil alle das Visier geschlossen hielten, konnte ihn niemand erkennen.

Als die ersten Ritter mit roten Gurten in den Wettkampfbereich ritten, begannen die Menschen laut „Buh" zu rufen und schrill zu pfeifen, denn ein solcher durfte auf keinen Fall gewinnen, wenn sie alle auf eine Siegesfeier zugunsten eines Ritters aus dem eigenen Königreich gehen wollten.

Das Königspaar machte ein ernstes Gesicht, denn so etwas hatten sie nie erlebt. Der König erhob die Hand und Ruhe trat ein. Doch sobald der erste Wettkampf begann, riefen die Menschen noch lauter „Buh" und pfiffen, sobald ein Ritter mit rotem Gurt einen geschickten Zug vollführte. Ein Ritter mit rotem Gurt mochte noch so siegreich, noch so ruhmreich geritten sein, den Jubel der Menschen erntete nur ein Ritter aus den eigenen Reihen.

Dann kam ein Reiter des Landes in einer schwarzen Rüstung auf den Wettkampfplatz und stieß mit seinem ersten Schlag den anderen Ritter vom Pferd. Die Menschen jubelten begeistert, aber als der gefallene Ritter nicht gleich wieder auf die Beine sprang, verstummten sie und gafften neugierig, wer der Gefallene sein mochte.

Ein Bursche kam gelaufen und versuchte dem Ritter auf dem Boden den Helm abzunehmen, aber dieser ließ sich einfach nicht mehr öffnen. Die Scharniere waren völlig eingerostet.

Da klappte er das Visier hoch, um dem Verletzen Wasser zu reichen und alle konnten sehen, dass es die Kurierin war.

Sie rappelte sich hoch, trank von dem Wasser und da nun alle gesehen hatten, dass sie ein Mädchen war, musste sie traurig den Platz verlassen.

Der schwarze Ritter indes führte sein Pferd erhobenen Hauptes in der Runde, um die Laune erneut anzufachen. Nach und nach begann die Menge wieder zu jubeln, bis die Hochrufe so laut wurden, dass man sein eigenes Wort nicht mehr verstand.

Während der schwarze Ritter nochmals im Triumph eine Runde abschritt, flüsterte die Königin einem ihrer Diener etwas zu und erhob sich. Der schwarze Ritter erwartete siegessicher den nächsten Gegner, während er in der Zwischenzeit in der Woge der Bewunderung der Menschen badete.

Und dann geschah es.

Großes Schweigen brach über die Menschen herein, als die Königin selbst in wallendem, langem, weißem Haar auf ihrem Rappen in der Arena erschien. Sie trug einen roten Gurt um den Leib und führte ihr Pferd in die Aufstellung, um gegen den schwarzen Ritter anzutreten.

Da senkten die Menschen verlegen die Köpfe und versanken in beschämte Stille.

Der böse Zauberer sah in die Runde und schwang heftig seinen Wimpel, um die Menge wieder zu Jubelrufen zu animieren. Aber stattdessen taten diese nun mehrere Schritte zurück und der schwarze Ritter stand isoliert auf einem großen leeren Platz.

Der König erhob sich und begann laut in die Hände zu klatschen. Der Hofnarr zu seinen Füßen stimmte sofort ein und auch die Prinzen und Prinzessinnen begannen ehrfurchtsvoll zu applaudieren.

Nach und nach erhoben sich die Menschen auf der Tribüne und stimmten in den Beifall ein.

Die edlen Ritter des Königreiches gesellten sich schweigend an die Seite der Königin, um sie gegen den schwarzen Ritter zu unterstützen.

Als auch die Ritter mit dem roten Gurt sich an ihre Seite stellten und die Frauen ihr Haar lösten, riss sich der schwarze Ritter den Helm vom Kopf und blickte wütend in die Runde.

Sein Schimmel begann unter den rhythmischen Klatschen nervös zu werden und tänzelte aufgeregt im Kreis. Einmal links herum, dann wieder rechts herum. Der schwarze Ritter wurde immer zorniger auf das Tier, das sich nicht beruhigen ließ. Er riss am Zügel, aber anstatt seinen Befehlen zu gehorchen, bäumte sich das Tier auf und wieherte in Panik.

In diesem Augenblick blitzten die Hufeisen seines Schimmels feuerrot auf und alle erkannten den bösen Zauberer als den, der er war.

„Ich komme wieder!", rief er donnernd und schwang die Lanze in der Luft. „Und dann gibt es kein Entrinnen mehr für Euch!"

Die Menge öffnete ihm den Weg hinaus zum Schlosstor, aber er gab dem Schimmel die Sporen. Unter dem ungläubigen Blick aller erhob sich das Tier in diesem Augenblick in die Lüfte und sprengte so gewaltig mit dem Zauberer auf seinem Rücken über die Zinnen des Schlosses in die hereinbrechende Nacht, dass der Himmel die Sicht auf die Sterne mit dicken Wolken für Stunden verdeckte.

Niemand sprach.

Niemand konnte glauben, wovon er selbst gerade Zeuge geworden war. Und doch bezweifelte niemand, dass es wirklich geschehen war.

„Geht nach Hause", sprach die Königin leise. „Geht alle nach Hause."

An diesem Abend saßen die Menschen schweigend um die Tische im Wirtshaus oder zu Hause und die Gäste gingen leisen Schrittes still zurück in ihre Heimat.

Noch lange sprach man in allen Ländern von diesem Ereignis und dem Mut der Königin mit dem weißen, langen Haar.

Rote Gurte waren von diesem Tag an nie wieder gesehen, so lange, bis sich eines Tages niemand mehr erklären konnte, warum es als unschicklich galt, einen solchen zu tragen.

Die goldene Brille

Es lebten einmal in einer Stadt in einem großen Königreich drei fleißige Bäckermeister Ehepaare. Das eine Paar war Brotbäcker und backte großes, frisches und gesundes Vollkornbrot. Das zweite war Kuchenbäcker, berühmt für feine Torten und guten Kuchen. Die dritten Eheleute waren Schokoladenbäcker, die feinste Pralinen und Süßigkeiten zu kreieren wussten. Ihre Haut war so dunkelbraun wie Schokolade. Sie waren aus einem fernen Land in die Stadt gekommen und hatten die Kunst der Pralinen- und Schokoladeherstellung mitgebracht.

Ein jedes Paar hatte einen kleinen Laden genau neben einem der großen Tore, durch welche man gehen musste, wollte man in die Stadt gelangen. Alle Menschen im Königreich reisten in diesen Ort um dort ihr Brot, Kuchen und für besondere Anlässe auch Schokolade zu kaufen. Selbst der König und die Königin schickten ihre Diener aus dem Schloss dort hin, um die feinen Backwaren zu erstehen.

Eines Tages kam eine arme alte Frau zu den Brotbäckern. Sie hatte einen weiten Weg, da ihr kleines Haus am Fuße des Berges des

Königsschlosses außerhalb der Stadt lag. Als sie ihr Brot in den Korb legte, machte sie einen tiefen Seufzer und sagte zur Bäckersfrau:

„Nun muss ich mit meinen alten Beinen noch ans andere Ende der Stadt laufen um dort noch einen Kuchen zu kaufen! Morgen kommt meine Schwester aus einem fernen Königreich zu Besuch. Ich will ihr feine Backwaren vorsetzen. Wenn nur der Weg nicht so weit wäre!"

Als die Frau den Laden verlassen hatte, um zu den Kuchenbäckern zu laufen, dachte die Bäckersfrau über die Worte der Alten nach. Am Abend sagte sie zu ihrem Mann:

„Wenn wir nicht nur Brot, sondern auch Kuchen backen würden, müssten die Menschen nicht so weit laufen, um beides zu kaufen. Wir können doch lernen, auch Kuchen zu backen?"

Ihrem Mann gefiel die Idee.

Gesagt, getan. Am nächsten Tag boten sie neben dem Brot auch einige Kuchen im Fenster feil und viele Kunden kauften mit dem Brot auch ein Stück des Kuchens.

Der Bäcker und seine Frau fanden ihre Idee sehr gelungen und freuten sich, neben einem Dienst an den Menschen auch ein gutes Geschäft gemacht zu haben. Alle waren zufrieden.

Zufällig kam die Frau des Schokoladenbäckers des Weges und wunderte sich über die große Menschenmenge vor dem Laden der Brotbäcker. Als sie sah, was der Grund für diese Ansammlung war, eilte sie nach Hause zu ihrem Mann, um von den Ereignissen zu berichten.

Dieser machte ein grimmiges Gesicht, denn er fürchtete, dass der Erfolg der Brotbäcker sie vielleicht noch auf die Idee bringen mochte, auch Schokolade zu machen.

Die Eheleute schlossen kurzerhand ihr Geschäft und eilten mit schnellen Schritten zum Laden der Kuchenbäcker. Diese standen gerade verwundert vor ihren Auslagen und fragten sich, warum sie an diesem Tag nur wenige Kuchen verkauft hatten? Vielleicht war das Mehl nicht gut, dachte der Kuchenmeister bei sich. Gleich morgen, wollte er mit dem Südmüller, wo sie ihr Mehl immer kauften, darüber verhandeln.

Als sie die Schokoladenbäcker zu dieser Stunde ihren Laden betreten sahen, wunderten sich die Kuchenbäcker noch mehr. Um diese Zeit stellten diese beiden doch fleißig Pralinen her? Stattdessen spazierten sie durch die Stadt?

„Unsere Sorge sollte es ja nicht sein", sagte der Schokoladenbäcker zu den Kuchenmeistern. „Aber wir wollen Euch gerne zur Seite stehen, damit Ihr Eurer Sache sicher sein könnt. Es sind nämlich die Brotbäcker, die heute nicht nur Brot, sondern auch Kuchen verkaufen. Meine Frau hat es mit eigenen Augen gesehen!"

Die Eheleute taten jeder einen tiefen Seufzer. Das war also der Grund dieser unguten Entwicklung! Es war die Schuld der Brotbäcker! Warum nur waren diese auf eine solch dumme Idee gekommen, die ihnen das Leben nun schwer machte?

Der Schokoladenbäcker rieb sich nachdenklich das Kinn. Anstatt Trübsal zu blasen wie die Kuchenbäckersleute, musste man einen Plan ersinnen.

„Wir werden gleich Morgen zu den Brotbäckern gehen!", schlug der Schokoladenmeister vor. „Wir werden jeder einen Verkaufsstand vor deren Laden aufstellen und dort nicht nur Kuchen und Schokolade, sondern auch Brot verkaufen! Sie werden schon verstehen, was damit gesagt werden soll!"

So kam es, dass der Brotbäcker und seine Frau am nächsten Morgen die Fensterläden öffneten und bereits reges Treiben auf dem Platz vor ihrem Geschäft vorfanden.

„Frisches Brot!", rief die Frau des Kuchenbäckers laut. Neben ihr war ein zweiter Marktstand, wo die Frau des Schokoladenbäckers rief: „Feine Brötchen frisch aus dem Ofen!"

Ihre Männer, die Bäckermeister, verkauften eilig die angepriesenen Waren, noch bevor der Brotbäcker die Tür zu seinem Laden aufsperren konnte.

Die Brotbäcker waren noch über und über mit Mehl bestäubt von ihrer Arbeit, die sie gerade erst beendet hatten und liefen mit Schürze und Mütze auf die Straße zu den Marktständen der anderen Bäcker.

„Was kommt Euch in den Sinn, vor unserer Tür Brot zu verkaufen!?", rief der Brotbäcker aufgebracht und klatschte mit seinen mehlbedeckten Händen vor dem Gesicht der Frau des Kuchenbäckers, so dass diese ganz weiß vor Mehl im Gesicht wurde.

Sie musste heftig niesen.

„Hatschieeeee!"

„Es war bestimmt die Idee deiner gierigen Frau, jetzt auch Kuchen zu verkaufen!", rief die Frau des Schokoladenbäckers. Sie tauchte ihre Hände in Schokoladenpulver und klatschte ihrerseits damit vor dem Gesicht der Brotbäckerfrau.

„Ahhhh!", schrie daraufhin die Frau des Brotbäckers, als ihr Gesicht ganz dunkel von Schokoladepulver war und sie nichts mehr sehen konnte.

Der Brotbäcker ergriff eine Torte vom Stand des Kuchenbäckers und drohte der Frau des Schokoladenbäckers: „Was fällt Dir ein, meine Frau zu beschimpfen!?"

„Lässt du wohl meine Torte stehen!", rief der Kuchenbäcker und wollte sie dem Brotbäcker aus der Hand nehmen.

Aber er stolperte und fiel mit dem Gesicht direkt in die Sahnetorte, die der Brotbäcker noch immer festhielt.

Die Menschen auf dem Platz waren zur Seite getreten, um den Streit aus sicherer Entfernung zu beobachten. Alle lachten aus vollem Halse, als der Kuchenbäcker über und über mit Tortensahne im Gesicht stand und die beiden Frauen weiß und braun im Gesicht daneben. Es war auch zu komisch!

„Du wagst es!", rief der Schokoladenmeister, griff nach einer frischen Praline und warf sie dem Brotbäcker auf die Nase.

In nur wenigen Minuten war die reinste Kuchenschlacht im Gange und alles Brot und Kuchen und Schokolade fand sich verteilt über den Bäckersleuten oder auf dem Boden. Selbst Teig, Mehl und Kakaopulver warfen sie sich gegenseitig an die Köpfe.

Die Kinder nutzten die Gelegenheit, um sich ein paar Süßwaren zu stibitzen, denn es war ja zu schade, dass diese feinen Sachen zu Wurfgeschossen wurden.

Aus der ganzen Stadt kamen die Menschen gelaufen, um dem Schauspiel beizuwohnen. Schon lange nicht mehr hatte man so herzlich gelacht und so viel heimlich genascht.

Erst als nichts mehr zu werfen griffbereit lag, hörten die Streithänsel auf. Der Brotbäcker und seine Frau stapften zurück in ihr Haus und warfen wütend die Fensterläden hinter sich zu. Die Kuchen- und Schokoladenbäcker packten ihre verbliebenen Sachen ein und zogen von dannen. Als es nichts mehr zu sehen gab, gingen auch die Menschen wieder nach Hause.

Am nächsten Tag öffnete keiner der Bäckermeister den Laden, weil sie nichts mehr zu verkaufen hatten und weil ihnen alle Knochen im Leib schmerzten von ihrem Streit.

Die Kuchenbäcker beschuldigten die Schokoladenmeister, sie aufgehetzt zu haben. Die Brotbäcker waren wütend auf die Kuchenbäcker, weil sie nur den langen Fußweg der Menschen hatten kürzen wollen und sie sich völlig falsch verstanden fühlten. Die Schokoladenbäcker ihrerseits waren gekränkt, da sie den Kuchenbäckern ja nur hatten zur Seite stehen wollen. Sie waren so damit beschäftigt, sich gegenseitig die Schuld an der Misere zu geben, dass sie darüber völlig ihr Geschäft aus den Augen verloren.

Bald hatten die Menschen kein Brot mehr zu essen und der Südmüller musste seine Lehrlinge nach Hause schicken, weil die Bäcker kein Mehl mehr bei ihm erwarben. Und da der Müller nun auch das Korn der Bauern nicht mehr kaufte, wussten die Bauern nicht mehr, wohin sie ihr Korn bringen sollten und so verbreitete sich das Elend im ganzen Königreich.

Das fanden die Menschen nun gar nicht mehr zum Lachen und sie wünschten, der Streit hätte nie stattgefunden. Aber niemand wusste einen Rat. Die Bäcker verschlossen sich in ihre Häuser und schmollten.

Schließlich erfuhr sogar das Königspaar davon, weil selbst im Schloss das Brot ausgegangen war. Der König schickte seinen ältesten Sohn, den Prinzen und dessen Schwester aus, um nach dem Rechten zu sehen.

Der Prinz und die Prinzessin fuhren mit der Kutsche in die Stadt und sprachen nacheinander mit allen Bäckersleuten. Aber ein jeder behauptete sein Recht und forderte Einsicht von den anderen Bäckermeistern. Da wussten auch die Königskinder keinen Rat mehr und so entschieden sie, zurück ins Schloss zu fahren um sich mit ihren Eltern zu besprechen.

Als sie am kleinen Haus der alten Frau vorbeifuhren, reichte diese den Königskindern ein kleines Kästchen in die Kutsche.

„Gebt diese goldene Brille dem rechten Bäckermeister, der den Ausweg aus diesem Streit sehen kann!"

Der Prinz nahm die glänzende Brille aus dem Kästchen und setzte sie auf. Aber er konnte nichts sehen. Da nahm seine Schwester die Brille und setzte sie sich auf die Nase. Aber auch sie konnte nichts sehen.

„Es kann nur der mit der Brille sehen, der die Wahrheit kennt!", sagte die alte Frau. „Findet die richtige Person!"

So fuhren die Königskinder zurück in die Stadt und riefen die drei Ehepaare zu sich. Erst setzten die Männer, einer nach dem anderen, murrend die Brille auf. Aber keiner konnte etwas erkennen.

„Nun die Bäckersfrauen!", forderte der Prinz.

Als die Kuchenbäckersfrau die Brille erblickte, erinnerte sie sich an die alte Frau.

„Das ist die Brille der alten Frau, die bei uns Kuchen gekauft hat! Sie hatte so sehr über den weiten Weg geklagt!"

Und als sie sich die Brille aufsetzte, konnte sie sehen. Und da sagte sie zu den anderen Bäckersleuten:

„Ich habe die Lösung! Hört her! Wir können die Meister bleiben, die wir sind und dennoch neue Wege gehen. Ihr Brotbäcker sollt Brot backen! Das könnt ihr am besten. Und ihr, Schokoladenbäckersleute, Pralinen machen. Das könnt ihr am besten. Und wir backen Kuchen, weil wir eben dieses Handwerk gut beherrschen. Aber wir alle verkaufen die Waren der anderen mit!"

Sie reichte die Brille dem Brotbäcker, der sie aufsetzte. Auch er konnte auf einmal sehen.

„Ja! Auf diese Weise müssen die Leute nicht weit laufen, denn sie können alle Waren bei jedem von uns kaufen!"

Er reichte die Brille dem Schokoladenbäcker, der sie aufsetzte. Auch er konnte auf einmal sehen.

„Ja. Und wir teilen uns auf diese Weise die Arbeit und unsere Ware behält ihre gute Qualität."

Und auch der Kuchenbäcker probierte die Brille und konnte sehen.

So kam es, dass von diesem Tag an, jeder Bäckerladen in der Stadt die Waren der anderen Bäcker mit anbot. Die Menschen gingen dort kaufen, wo sie den kürzesten Weg hatten. Alle waren zufrieden.

Bald gingen auch die Metzger dazu über, die Idee nachzumachen. Dann folgten die Gemüsehändler, die Topfmacher und die Weber und die Schneider. Die Stadt wurde reich und viele Reisende kamen von weit her, um die Vielfalt der Waren zu bewundern und mit nach Hause zu nehmen.

Die goldene Brille aber war von diesem Tag an in einem Glaskasten in einem Stadtturm verwahrt. Dort durfte sie jeder Bürger, der einen Ausweg aus einem Streit suchte, anprobieren.

Und manchmal geschah es, dass einer tatsächlich sehen konnte.

Die Schlangenbeschwörer

In einem fernen Königreich, in dem die Herrscher Sultan genannt wurden und die Stadthalter Pascha hießen, lebte einst ein mächtiger König. Er war stark und geschickt und den Menschen in seinem Land ging es gut, denn er vermochte den Handel und das Handwerk zu stärken und seine Ritter zu vereinen.

Der Reichtum seiner Herrschaft zeigte sich in prächtigen Prunkbauten, deren Wände mit Edelsteinen und Gold verziert waren. In den Gärten dieser Schlösser badeten die Hofdamen in kleinen künstlichen Teichen, die in Stein gehauen mit klarem, duftendem Wasser gefüllt waren und an heißen Tagen angenehme Abkühlung versprachen. Besucher anderer Königreiche trugen die Botschaft dieser Pracht in alle Länder und sein Ruhm war groß.

Die Paschas verbeugten sich tief vor ihm und selbst die Prinzen und Prinzessinnen, derer es viele waren, taten keinen Schritt ohne den mächtigen Sultan zu konsultieren. Die Ehrfurcht vor seiner Macht war dermaßen, dass sich alle im Schloss stets beschützt und versorgt empfanden und sich in der Ausführung seiner Befehle wohl und sicher fühlten.

Der jüngste der Prinzen aber war nicht glücklich und zufrieden. Er strebte hinaus in die Welt, wollte selbst große Taten vollbringen und eines Tages ein mächtiger Herrscher werden. Seine Brüder und Schwestern und die Paschas ermahnten ihn stets zu Gehorsam, denn der Sultan duldete keinen Widerspruch. Er würde nicht davor zurückschrecken, selbst einen Prinzen vom Hofe zu verjagen.

Aber der junge Königssohn ließ sich nicht abhalten, diskutierte mit den Paschas über widersinnige Befehle, stritt mit den Verwaltern über unsinnige Regeln und hinterfragte alle Ermächtigungen seines Vaters, die er als ungerecht oder ungut empfand. Und es waren viele, die er nicht verstehen konnte.

So kam es, dass sein Vater ihn eines Tages ohne Hab und Gut vor das Schlosstor setzte und er sein Dasein als armer Bettler zubringen musste. Er versuchte, Arbeit in den Diensten eines Händlers oder vornehmen Hauses zu finden. Jedoch niemand wagte es, ihm Obdach zu bieten, aus Furcht der Zorn des Sultans würde auch sie treffen. So schloss er sich eines Tages einer durchziehenden Karawane an und ritt mit dieser durch die Wüste in die Ferne. Und damit wusste niemand mehr von ihm zu berichten.

Das erschreckte die anderen Prinzen und Prinzessinnen und Paschas so sehr, dass sie es nicht mehr wagten, selbst die Augen zu heben, wenn der Sultan an ihnen vorüber schritt. Sie fielen auf die Knie vor ihm und erhoben sich erst wieder, wenn er vorübergegangen war.

So herrschte der Sultan viele Jahre, bis er eines Tages mit einem Fieber zu Bette lag. Die Krankheit schwächte ihn so sehr, dass er selbst die einfachsten Befehle nicht mehr erteilen konnte.

Die Paschas standen Schlange vor dem Schlafraum des Sultans, um Anweisungen auf ihre Fragen zu erhalten, die sie dringend für das weitere Geschäft in ihren Städten benötigten. Aber die Ärzte schüttelten den Kopf und vertrösteten sie auf den nächsten Tag.

Doch auch am folgenden Tag verweigerten die Ärzte aus Sorge um das Befinden des Sultans den Zugang zu seinem Gemach und die Paschas mussten sich wohl oder übel gedulden. In die Schlange der Wartenden reihten sich die Prinzessinnen und Prinzen, andere Personen des Hofes und der Verwaltung und des Landes. Auch sie hatten wichtige Fragen und wagten nicht, ohne die Anweisung des mächtigen Herrschers etwas zu tun.

Die Schlange der Wartenden wurde mit jedem Tag länger und bald musste man das Tor des Palastgartens öffnen. Wartende Menschen standen in Reih und Glied entlang der Palastmauer, rund um den großen Bazar, vorbei an den Gebetshäusern, über die Brücke und wieder zurück, bis sie schließlich wieder durch die Küche in den Palast reichte.

Niemand wollte seinen Platz in der Schlange aufgeben, um nach Hause zu gehen. Alle fürchteten, sich wieder ganz hinten anstellen und auf die dringende Antwort noch länger warten zu müssen.

Die Händler im Bazar waren die ersten, die ihre Stände schließen mussten, weil ihre Kunden nicht mehr in den Markt hineinkommen konnten. Selbst wenn einer es geschafft hatte, so war es dann unmöglich, wieder hinauszukommen. Die Bäckerburschen, die stets frische Backwaren auf ihrem Kopf durch die Stadt getragen hatten, mussten in den Backstuben bleiben, weil sie nicht mehr frei herumlaufen konnten. Die Teeküchen konnten nicht mehr an die Brunnen gelangen und stellten das Teekochen ein. Das gesamte Leben kam nach und nach zum Stillstand und jeder, der seinen Geschäften nicht mehr nachkommen konnte, reihte sich in die Schlange, um Anweisung des Sultans zu erfragen, was man in dieser Sache nun tun sollte.

So wuchs die Schlange hinaus durch die Stadttore, quer über das ganze Land und wurde länger und länger und länger. Die Paschas, die ganz an der Spitze der Schlange vor der Tür des Sultans warteten, besahen sich die endlose Kette wartender Menschen und bekamen es mit der Angst zu tun. Der Sultan würde sie verantwortlich dafür machen, wenn er aufwachte und diesen Zustand erblickte. Wehe ihnen!

Sie berieten sich Tag und Nacht, was zu tun sei, bis einer von ihnen schließlich die Idee hatte, den verbannten Prinzen zurückzuholen, der etwas gegen diese missliche Lage tun sollte.

„Er ist bereits in Ungnade gefallen", sprach dieser Pascha. „Ihm kann der Zorn des Sultans nicht mehr schaden. Wenn es gut geht, haben wir richtig gehandelt und wenn die Sache schief geht, war es nicht unsere Schuld."

Das überzeugte die anderen Paschas und sie berieten sich, wer von ihnen in die Ferne reiten und den Prinzen zurückholen sollte. Aber keiner wollte seinen Platz in der Schlange aufgeben und so berieten sie nochmals lange hin und her, bis sie letztendlich nur eine Lösung sahen: Alle mussten gehen.

Als die Paschas schließlich aus der Reihe traten, um sich auf den Weg zu machen, rückten die Prinzessinnen und Prinzen eilig auf und nach ihnen, die, die hinter ihnen gewartet hatten, nach diesen wieder die

Nächsten, bis die gesamte Schlange in Bewegung geriet und nachrückte. Da dachten die Menschen, dass sich das Warten gelohnt hatte, weil der Sultan erwacht und sie nun bald Antwort erhalten würden. Deshalb beharrten sie auf ihre Plätze nun mehr denn je.

Die Paschas schlossen sich währenddessen wohl oder übel und mit einigem Widerwillen der nächsten Karawane nach Norden an und folgten dem Weg, den der jüngste Prinz einst genommen hatte. In jedem Ort fragten sie nach ihm, ob ihn jemand gesehen hatte und in welcher Richtung er weitergereist war. Sie folgten den Anweisungen der Menschen, über Flüsse und Berge, durch viele ferne Städte, durch Steppen und Wälder, durch fremde Länder, durch Schnee und Eis, bis sie nach langer Reise endlich ein fernes Königreich erreichten.

Und in der Tat fanden sie dort endlich den jungen Prinzen.

Er hatte sich einst in einem Gasthaus mit einer besonders sprudelnden Quelle neben dem Hause nützlich gemacht und war dort geblieben. Der Wirtin und ihren fünf Töchtern hatte er ein Aquädukt von der Quelle direkt in die Küche des Hauses gebaut, genauso, wie er es aus dem Palast seines Vaters gekannt hatte. Das hatte im Lande großes Aufsehen erregt und viele Leute waren gekommen, um das Konstrukt zu sehen. Der Stadthalter hatte ihn sogar gebeten, in seinem Hause doch ein ebenso schönes Aquädukt zu bauen. Gemeinsam mit den beiden Söhnen des Stadthalters hatte der Prinz dann ein zweites gebaut und als es fertig geworden war, waren der jüngere Sohn und der Prinz beste Freunde geworden und er hatte nicht mehr weiterreisen wollen.

So hatte er sich dieses Gasthaus zu seinem neuen Zuhause gemacht und die fünf Töchter der Wirtin waren ihm mit der Zeit ans Herz gewachsen wie seine eigenen Schwestern.

Der Aufruhr war groß, als die Karawane der Paschas vor dem Gasthause anhielt. Wieder kamen viele Leute zur Herberge gelaufen. Dieses Mal, um die Karawane zu sehen und um zu hören, was das Anliegen der fremden Männer war.

Der junge Prinz lauschte aufmerksam den Worten der Paschas.

Dann dachte er drei Tage und drei Nächte nach.

Und am vierten Tag sagte er zu ihnen: „Ich will gemeinsam mit meinem Freund mit euch zurück ins Land meines Vaters reisen und mich der Sache annehmen."

Und zu seinem Freund sprach er: „Bringe deine Schalmei, wir werden sie brauchen."

Schon am nächsten Morgen brachen sie auf.

Während der langen Reise zurück in das Heimatland des jungen Prinzen berieten sich die beiden Freunde, wie sie das Problem der wartenden Schlange lösen wollten. Sie sponnen viele Pläne, überlegten und berieten sich, verwarfen sie wieder und begannen von neuem. Abends, wenn sie aufgrund des vielen Nachdenkens müde waren, spielte der Sohn des Stadthalters auf seiner Schalmei und der Prinz lauschte ihm und dachte sich Geschichten zu den Melodien aus. Jeden Abend entstand so eine neue Erzählung, die der Musik aus dem fernen Königreich folgte.

Die Paschas beäugten sie neugierig aus sicherer Entfernung, lächelten ihnen zu und achteten sorgsam darauf, in diese Besprechungen nicht hineingezogen zu werden. Sollte nur der junge Hitzkopf mit seinem Freund die Kastanien aus dem Feuer holen! Sie wollten sich die Finger nicht verbrennen.

Als die Karawane nach langer Reise endlich das Sultanat erreichte, wussten die Freunde genau, was sie tun wollten.

Der Sultan war noch immer nicht ansprechbar und die Schlange der wartenden Menschen zog sich in tausend Schleifen durch das ganze Land. Niemand bewegte sich und alles stand ganz still. Nicht einmal die Vögel in der Luft wollten mehr kreisen. Auch sie saßen bewegungslos auf den Zinnen der Dächer und warteten darauf, dass endlich wieder ein paar Körner Brotes zum Picken herabfallen würden.

Es war ein Anblick recht zum Fürchten. Aber der junge Prinz und sein Freund ließen sich nicht einschüchtern.

„Ich beginne am Kopf der Schlange und du am Ende", sprach der Prinz zu seinem Freund. „Wir hören nicht eher auf, als bis wir uns in der Mitte der Schlange treffen."

Und damit machten sie sich ans Werk.

Der Sohn des Stadthalters begab sich ans Ende der Schlange und setzte sich dort nieder. Er nahm seine Schalmei hervor und begann zu spielen. Erst tat er dies langsam und vorsichtig, dann immer schneller.

Zunächst drehten die Menschen die Köpfe, um der Musik zu lauschen. Es war eine willkommene Ablenkung in dieser Warterei. Dann aber begannen die Ersten mit den Füßen zu wippen, den Takt mit den Fingern zu trommeln, die Hände zur Melodie zu schwingen und die Lippen zu spitzen, um mit dem Lied zu pfeifen. Ein Mädchen begann zu singen und freudig in die Hände zu klatschen und schließlich fassten sich zwei junge Männer an den Schultern und begannen zu tanzen.

Das ermutigte den Freund des Prinzen und er ließ lustigere Weisen erklingen. Als ihm die bekannten Melodien ausgingen, spielte er einfach, was ihm in den Sinn kam, bis nach und nach alle Menschen in der Schlange begannen miteinander zu tanzen. Sie hopsten im Kreise, wirbelten umher, drehten sich zur Musik und lachten.

Dann geschah das Unglaubliche: Als sie müde wurden, gingen sie freudig tanzend und singend nach Hause und das Ende der Schlange begann sich aufzulösen.

So schritt der Sohn des Stadthalters, lustig weiter auf seiner Schalmei spielend, der Schlange entlang, bis auch dort nach und nach die Menschen anfingen zu tanzen. Er spielte sich Stück für Stück vorwärts und der Tanz wurde größer und mächtiger.

Unterdessen lief der Prinz an die Spitze des starren Gänsemarschs. Er stellte sich auf einen Hocker und begann zu erzählen. Seine erste Geschichte handelte von Leidenschaft und Liebe. Es dauerte nicht lange, bis seine Schwestern sich aus der Reihe lösten und sich um ihn scharten.

Dann berichtete er von einem Abenteuer über Standhaftigkeit und es gesellten sich mehr Zuhörer aus der merkwürdigen Aufstellung der Wartenden zu ihm, so dass sich auch der Kopf der Schlange aufzulösen begann. Er erzählte über Zuhören und Sprechen, dann über Wissen und das, was wertvoll ist und jedes Mal, wenn er mit einer Erzählung zu Ende war, begannen die Menschen Fragen zu stellen.

Nach und nach sprachen sie miteinander über die Botschaften des Prinzen und berieten sich, wie das Eine oder das Andere wohl zu verstehen war. Und während sie so miteinander debattierten, fanden sie manche Antwort auch ohne Anweisung des Sultans. Überrascht begannen sie nach Hause zu gehen. Dann nahm der Prinz seinen Hocker, lief ein Stück weiter und begann wieder von vorne.

Der Königssohn und sein Freund spielten und erzählten drei Tage und drei Nächte, bis sie sich endlich in der Ferne erblickten. Dann begannen sie die Melodie und die Geschichten zu vereinen, so, wie sie es auf ihrer langen Reise getan hatten. Das fanden die Menschen so zauberhaft, dass sich der Rest der Schlange mit einem Mal auflöste. Das ganze Land tanzte, sang, sinnierte über Erzählungen nach und wer das nicht tat, ruhte sich aus, um am nächsten Morgen wieder mitzumachen.

Inzwischen hatten sich viele andere Musiker zu dem Sohn des Stadthalters gesellt und nun spielten sie alle die fröhlichen Melodien weiter. Die Brüder und Schwestern des Prinzen waren die Ersten gewesen, die die Geschichten ihres Bruders wieder anderen weitererzählten und nach und nach waren es immer mehr, die sich Fragen stellten über die mehrdeutigen Botschaften der Erzählungen.

Der Prinz und sein Freund aber überließen die Dinge nun ihrem Lauf und gingen schnurstracks in den Palast, wo die Paschas vor der Tür des Sultans in heller Aufregung wild durcheinanderliefen.

„So hätten wir die Schlange auch auflösen können", schimpften sie. „Seht nur, welches Durcheinander ihr angerichtet habt! Wie kann irgendjemand so ein Chaos regieren? Ihr habt alles noch viel schlimmer gemacht!"

Aber der junge Prinz blieb standhaft.

„Geht nur zurück in Eure Städte und verrichtet Eure Arbeit. Die Menschen werden lernen die Antworten auf ihre Fragen selbst zu finden. Vertraut! Ich bleibe hier und werde meinem Vater berichten, dass wir beide dies zu verantworten haben."

Er rief für jeden Pascha einen Musiker und einen Geschichtenerzähler herbei, um diesen in sein Amt zu begleiten.

Die Paschas machten sich von dannen. Die einen, weil sie froh waren nicht den Kopf hinhalten zu müssen und endlich nach Hause gehen zu können, die anderen, weil sie dachten, dass der Musiker und der Geschichtenerzähler das Volk schon bei guter Laune halten würden.

Der Prinz und sein Freund jedoch setzen sich ans Bett des kranken Sultans und begannen leise Melodien zu spielen und eine Geschichte nach der andern zu erzählen, obwohl der mächtige König die Augen stets geschlossen hielt und fieberte. Sie spielten und erzählten Tag und Nacht. Wenn der Prinz ruhte, spielte sein Freund und wenn der Sohn des Stadthalters schlief, redete der Prinz.

Es vergingen viele Tage und Nächte und eines Morgens schlug der Sultan die Augen auf. Da er aber liebliche Klänge eines seltsamen Instruments vernahm, glaubte er, gestorben zu sein und er fürchtete sich sehr.

Als sein Blick dann auf seinen jüngsten Sohn fiel, den er vor langer Zeit aus dem Land verjagt hatte, erschrak er, weil er dachte, dass er an dessen Tode schuld sei und dieser nun im Jenseits auf ihn wartete, um sich zu rächen.

„Verzeih mir, mein Sohn", sprach er zu dem Prinzen. „Wenn ich nur noch könnte, würde ich dir mein Königreich übergeben, um mein Unrecht wieder gut zu machen."

„Nur unter der Bedingung, dass ich zusammen mit meinem besten Freund regiere", antwortete der Prinz lachend, der sich freute, dass sein Vater wieder genesen war.

„So sei es", erwiderte der Sultan.

Als dieser wenige Tage später wieder völlig gesundet war, merkte er wohl, dass er nicht im Jenseits gelandet war. Aber von seinem Versprechen konnte er nicht mehr abrücken, denn alle hatten es gehört und bereits begonnen, dem Prinzen und seinem Freund zu folgen.

Von diesem Tag an waren das Geschichtenerzählen und Debattieren die liebste Beschäftigung der Menschen im Land. Jeden Abend trafen sie sich in den Teestuben und lauschten einer Erzählung. Und jede Nacht gingen sie mit neuen Fragen nach Hause. Und manchmal auch Antworten, die sie in ihrer Arbeit und ihrem Tun lenkten. Und wenn sie das nicht taten, dann machten sie Musik und tanzten.

Der Prinz und der Sohn des Stadthalters schickten jeden Monat eine Karawane mit Gewürzen, Tuchen, Datteln und Salz in das ferne Königreich ihrer anderen Heimat und diese brachten jeden Monat Waren von dort mit zurück. So entstand ein reger Handel und beide Königreiche erblühten und alle waren zufrieden.

Und wenn es dennoch vorkam, dass einer in den Palast kam und um Anweisungen erfragte, erzählte ihm der Prinz eine neue Geschichte und der Sohn des Stadthalters spielte die Schalmei dazu.

Der magische Würfel

Es trug sich einmal zu, dass ein Kurier des Königs von einer weiten Reise aus einem sehr fernen Land einen wundersamen Gegenstand mitbrachte. Es war ein magischer Spielwürfel, den er auf einem Basar von einem alten Händler erstanden hatte. Da der Würfel aber nur für Königskinder seine Zauberkraft entfaltete, machte der Kurier ihn dem Prinzen und seiner gleichaltrigen Schwester, der Prinzessin, bei seiner Rückkehr zum Geschenk.

„Jedes Mal, wenn der Würfel sechs Punkte nach oben zeigt, erhaltet ihr die Antwort auf eine Frage", erklärte er ihnen. „Ich habe es für mich versucht, aber der Würfel will für mich nichts tun. Vielleicht mag er euch mehr Glück bringen?"

Die beiden jungen Leute probierten den Würfel gleich aus. Der Prinz würfelte mehrmals und als die Augen die Zahl sechs zeigten, schloss er die Lider und fragte: „Wie ist der Name meiner Schwester?"

Da sprang der Würfel auf einer Seite auf und öffnete sich, wie eine kleine Schatztruhe. Es befand sich ein schmales Schriftband darin. Der Prinz zog es heraus und las seiner Schwester laut vor:

„Du hast zwei Schwestern. Welchen Namen suchst du?"

„Oh, der Würfel ist klug!", sprach die Prinzessin. „Du musst die Frage gut überlegen und sehr genau nachdenken, bevor du sprichst! Ich will es versuchen."

Auch sie würfelte so lange, bis die Augen die Zahl sechs zeigten. Dann schloss sie die Lider und fragte: „Wo liegt das Land, aus dem die Seide kommt?"

Wieder öffnete sich der Würfel und die Prinzessin fand die Antwort darin: „Es gibt mehrere Länder, weit hinter dem Reich des Sultans und über den Bergen dahinter."

Die Königskinder lachten vor Freude, fassten sich an den Händen und sprangen begeistert durch den Raum.

„Ich werde der perfekte Prinz sein! Genauso, wie ein wahrer Prinz sein muss", frohlockte er.

„Und ich werde die perfekte Prinzessin sein! Genauso, wie eine wahre Prinzessin sein muss", freute sich seine Schwester.

Beide hüteten ihr Geheimnis sorgsam und versteckten den Würfel an einem verborgenen Ort, den nur sie beide kannten. Jeden Tag, bevor sie ihren täglichen Unterricht begannen, gingen sie dort hin. Sie nahmen den Würfel heraus und erfragten alle Antworten, die ihnen ihre Lehrmeister als Aufgabe gestellt hatten.

Diese bemerkten wohl, dass die Königskinder begannen große Klugheit zu beweisen und fühlten sich geschmeichelt, weil sie dachten, dass ihre Arbeit nun erste Früchte hervorbrachte. Nach einiger Zeit wählten sie schwierigere Aufgaben und größere Fragestellungen und als auch diese vom Prinzen und der Prinzessin mit Leichtigkeit gelöst wurden, berieten sie sich miteinander, welches neue Wissen man den Königskindern teilwerden lassen konnte.

So ging es Woche um Woche, Monat um Monat, bis sie nichts mehr fanden, was sie der Prinzessin und ihrem Bruder hätten beibringen können. Denn diese wussten jede Antwort so genau, dass selbst die Bücher darüber verstummt wären, hätten sie sprechen gekonnt.

Da suchten die Gelehrten gemeinsam eine so schwierige Aufgabe, dass sie selbst drei Tage und Nächte über die richtige Antwort stritten. Doch auch diese Frage bereitete den Königskindern keinerlei Problem. Die Gelehrten blieben recht ratlos zurück.

Nach langem Beraten und Bedenken beschlossen sie schließlich, die Eltern der Königskinder aufzusuchen.

„Ihre Hoheiten", sprachen sie. „Wir können den Prinzen und die Prinzessin nicht mehr lehren. Sie wissen alle Antworten und es gibt nichts mehr, was wir ihnen beibringen können."

Die Königin machte große Augen und der König zog die Stirn in Falten.

„Das scheint mir reichlich übertrieben", antwortete der König und die Königin fügte hinzu: "Wir werden uns selbst ein Bild von der Sache machen. Bereitet die drei schwersten Themen aus den Büchern vor. Morgen werden wir die beiden hier im Thronsaal befragen."

Die Lehrmeister hatten ihre liebe Mühe, noch einmal drei schwierige Aufgaben zu benennen, doch schließlich gelang es ihnen.

Am nächsten Morgen war der große Test. Die Lehrmeister stellten den Königskindern eine sehr komplizierte Rechenaufgabe. Doch die beiden wussten sie zu lösen. Nun musste auch das Königspaar zugeben, dass die Lehrmeister nicht übertrieben hatten.

„Meine Kinder, ihr habt große Fortschritte gemacht und wahrhaft viel gelernt", lobte der König. „Wir wollen einen Wettbewerb veranstalten. Ruft alle Gelehrten des Reiches und die Weisesten der Welt. Wer es schafft, eine Frage zu stellen, die der Prinz und die Prinzessin nicht zu beantworten wissen, soll zukünftiger Lehrmeister oder Lehrmeisterin des Königshofes sein."

Alle Welt begann von den klugen Königskindern zu sprechen. Aus allen fernen Ländern kamen Gelehrte, aber auch viele Neugierige an den Hof, um dem Spektakel beizuwohnen. Das Schloss wurde geschmückt, das Silber geputzt, die Stoffe gewaschen und im Thronsaal wurde eine kleine Bühne aufgebaut, wo die Königskinder sitzen und alle Fragen beantworten würden.

Als der große Tag gekommen war, waren so viele Menschen im Thronsaal, dass man die Türen offenstehen lassen musste, um auch die Neugierigen draußen vor dem Saal am Geschehen teilnehmen zu lassen.

Die Prinzessin und der Prinz schritten durch die Menge und nahmen die Aufgaben von den Klügsten aller Gelehrten entgegen. Die beiden zogen sich lächelnd und ihrer Sache ganz sicher zurück, um scheinbar an den Aufgaben zu arbeiten. In Wahrheit befragten sie den Würfel, so, wie sie es all die Monate getan hatten. Die Menge flüsterte sich indessen bewundernde Dinge über die Königskinder zu.

Als die ersten beiden großen Gelehrten ihre Fragen gestellt und der Prinz und die Prinzessin diese perfekt beantwortet hatten, sprang unerwartet der Hofnarr auf die Bühne. Er sprach zum Königspaar:

„Lasst es auch mich versuchen. Ich will die dritte Frage stellen. Ein gar lustiges Rätsel, das alle unterhalten wird!"

Das Königspaar nickte gefällig, denn die Späße des Hofnarren waren bei allen stets beliebt.

So hüpfte er lachend im Kreis der Anwesenden und deklamierte:

*„Es ist ein Haus, so klein und fein,
sechs Seiten führen dort hinein.
Und es hat acht Ecken,
die eine davon stets verstecken!
Man findet's in den schmutzigsten Gassen,
und hat zwölf Zäune, die alles umfassen,
sie hüten wohl die 21 Augen,
die immer nach draußen schauen."*

„Nun?", fragte er die Königskinder und blieb vor ihnen stehen.

Doch der Prinz und die Prinzessin sahen sich nur ratlos an. Sie konnten sich nicht zurückziehen, wie sie es immer getan hatten. Wie sehr sie sich auch drehen und wenden mochten, der Hofnarr ließ sie einfach nicht aus den Augen. Er war so nah bei ihnen, dass sie den Würfel nicht befragen konnten.

Alle im Thronsaal rätselten und tuschelten. Was war passiert? Wussten die Königskinder diesmal keine Antwort?

„Wir wollen darüber nachdenken", sagten die Prinzessin und der Prinz schließlich.

„Nun denn", antwortete die Königin und erhob sich von ihrem Thron. „So wird der Hofnarr von nun an euer Lehrer sein, bis ihr die Antwort gefunden habt."

Die Königskinder verließen den Thronsaal und der Hofnarr folgte ihnen auf dem Fuß.

Sie versuchten, den lästigen Gesellen so schnell als möglich wieder loszuwerden, um endlich den Würfel befragen zu können. Aber wie sie es auch anstellen mochten, er blieb stets an ihrer Seite. Er folgte ihnen nach links, er folgte ihnen nach rechts, er schritt vor ihnen die Stufen der Treppe nach oben und hinter ihnen wieder hinunter. Und weil er der Hofnarr war, fand auch niemand dieses Verhalten seltsam.

„Wir wollen uns zurückziehen, um uns zu beraten!", sprach der Prinz endlich zu ihm und wollte ihn wegschicken. Aber der Hofnarr tanzte um die Königskinder herum und sang:

*„Die Antwort auf das Rätsel lässt sich nicht beraten,
man findet sie nur in lustigen Taten!"*

So begleitete er sie bis spät abends bis vor die Tür ihres Gemaches und wartete schon früh am Morgen wieder davor. Die Königskinder hatten einfach keinerlei Gelegenheit, den Würfel aus seinem Versteck zu holen.

Alle Menschen im Königreich hatten von dem Rätsel erfahren, welches die klugen Königskinder lösen sollten. Gar mancher hatte für sich die Antwort gefunden und man stritt in den Gasthäusern und auf den Märkten über die richtige Klärung. Man schloss Wetten ab und wartete darauf, dass die Königskinder die Antwort kundtun würden. Denn sie waren ja die Klügsten, die man je erlebt hatte und die immer alles gewusst hatten. Also würde die Antwort, die sie geben würden, gewiss die richtige sein.

Die Prinzessin und der Prinz wussten sich indessen keinen Rat. Vergeblich hatten sie versucht, sich in einem unachtsamen Moment davonzuschleichen, um das Versteck aufzusuchen. Sie hatten sogar ernsthaft selbst über die Lösung des Rätsels nachgedacht, aber da sie so aus der Übung waren, fiel ihnen gar nichts dazu ein.

Es waren bereits drei Tage und drei Nächte vergangen und noch immer hatten sie keine Idee, wie die Antwort lauten konnte. Wie würden sie vor der Welt dastehen, wenn alle erfuhren, dass sie die Erklärung nicht kannten! Die perfekten Königskinder würden mit Schimpf und Schande vor aller Welt das Königspaar beschämen! Und wie sollten sie selbst eines Tages Königin und König werden, wenn das ganze Land schlecht über sie dachte?

Je mehr sie darüber grübelten, umso größer wurde ihre Verzweiflung.

„Nur du kannst uns aus dieser misslichen Lage retten!", sprachen sie schließlich am Ende des vierten Tages zum Hofnarren. „Bitte verrate uns des Rätsels Lösung, wir wissen es nicht."

„Wohl an, wohl an", frohlockte dieser. Dabei hüpfte er einmal im Kreis um die Königskinder herum und rief:

„Der Antwort dürft ihr gerne lauschen,
doch was gibt's dafür zu tauschen?"

Die beiden dachten kurz nach. Die Prinzessin bot ihm ihren Ring, der aus wertvollstem Gold gemacht war. Der Prinz zog seinen Lieblingsgürtel mit den silbernen Beschlägen aus den Schlaufen. Doch der Hofnarr schüttelte den Kopf.

*„Will kein Silber und kein Gold,
nur dem Spaße bin ich hold!"*

„Wir haben einen magischen Würfel! Du sollst ihn haben, wenn du uns aus dieser misslichen Lage hilfst. Uns hat er nur Ärger gebracht", sagte die Prinzessin schließlich.

„Ein Zauberwürfel! Das klingt nach Spaß", antwortete der Hofnarr und willigte ein.

Da führten sie ihn in ihr Versteck zu dem magischen Würfel.

„Nur noch diese eine Frage, dann soll er dein sein", sagte der Prinz.

Die Prinzessin würfelte auf Anhieb die Zahl sechs, schloss die Augen und wiederholte den Reim des Rätsels:

*„Es ist ein Haus, so klein und fein,
sechs Seiten führen dort hinein.
Und es hat acht Ecken,
die eine davon stets verstecken!
Man findet's in den schmutzigsten Gassen,
hat zwölf Zäune, die alles umfassen,
sie hüten wohl die 21 Augen,
die immer nach draußen schauen."*

Sie zog das Spruchbändchen aus dem Würfel und las vor: „Das bin ich."

Als sie die Worte aussprach, begann der Würfel wie wild zu tanzen und durch den Raum zu springen.

Die Prinzessin versuchte, ihn mit den Händen einzufangen. Der Prinz sprang hinter ihm her und warf sich auf ihn auf den Boden und auch der Hofnarr sprang zwischen die Königskinder, um des Würfels habhaft zu werden. So kam es, dass alle drei auf dem Boden lagen, ohne dass einer von ihnen den wirbelnden Würfel fassen konnte.

Dieser aber hüpfte wie von Geisterhand auf die Nase des Hofnarren und drehte sich auf einer Spitze wie ein Kreisel. Da musste dieser heftig lachen, weil es ihn so sehr kitzelte. Die Prinzessin begann ebenfalls zu lachen, weil das Bild zu komisch war. Und auch ihr Bruder hielt sich bald den Bauch, weil ihn die Lustigkeit der beiden ansteckte.

Alle drei lachten so laut, dass man es im ganzen Schloss hören konnte. Da löste sich der Würfel in feinen schwarzen Pfeffer auf und verteilte sich in die Nasen der drei. Daraufhin begannen die

Königskinder und der Hofnarr heftig zu niesen. Und so lachten sie, niesten, lachten und niesten.

Das Königspaar, gefolgt von dem ganzen Hofe, eilte hinzu, um den Grund für dergleichen Spektakel zu erfahren. Als sie die Tür zu dem geheimen Raum öffneten, bot sich ihnen ein gar seltsamer Anblick: Die Nasen der Königskinder und des Hofnarren waren schwarz von Pfeffer und ihre Wangen nass von Tränen des Lachens.

Der Prinz fand als erster die Sprache wieder. Er sagte: „Des Rätsels Lösung ist der perfekte Würfel und es ist derselbe, der uns Fürchten und Lachen lehrte!"

Und seine Schwester fügte hinzu: „Der Hofnarr war ein guter Lehrer, aber nun wünschen wir unsere alten Gelehrten zurück."

Niemand verstand die Antwort des Prinzen, die noch rätselhafter als das Rätsel selbst war. Jedoch der Hofnarr nickte wohlgefällig:

*„Wer strebt nach Magie,
erfährt die Lösung nie!"*

Von diesem Tag an rätselten alle im Lande, wie die Antwort der Königskinder zu verstehen war? Niemand gewann eine Wette und man stritt sich noch lange Jahre über die Deutung der Antwort.

Und noch heute geschieht es, dass einer die Frage wieder aufwirft und alle beginnen von neuem über das Rätsel nachzudenken.

Der blaue Schlüssel

Eines Tages trug es sich zu, dass die Kurierin des Königs zu den Wirtsleuten der Stadt geritten kam und hohe Gäste ankündigte. Im Schloss hatte man nicht genügend Zimmer und deshalb sollten drei Gäste aus dem Gefolge einer Prinzessin aus einem fernen Königreich dort einquartiert werden.

Die Wirtsfrau aber war verreist, um neue Vorräte zu kaufen und hatte das Gasthaus ihren fünf Töchtern für diese Zeit überlassen, die eine jede alt genug war, um die Arbeiten der Wirtsstube gut zu verrichten.

Kaum war die Kurierin wieder um die Ecke verschwunden, fassten sich die Mädchen an den Händen und tanzten vor Freude im Kreis.

„Welch eine große Ehre für unser Haus!", riefen sie und „wie wird unsere Mutter stolz auf uns sein, wenn sie sieht, wie gut wir die Gäste bewirtet haben werden!"

Sofort eilte eine jede in eine andere Richtung, um Vorbereitungen zu treffen. Die Älteste holte die silbernen Becher für besondere Anlässe aus dem Schrank, die Zweite durchstöberte den Vorratsraum nach feinen Speisen, die Dritte nahm die Vorhänge ab, um sie zu waschen, die Vierte begann den Boden zu fegen und die Jüngste lief in den Weinkeller, wo die Mutter den besonders guten Wein lagerte.

Aber die jüngste Wirtstochter fand die schwere Holztür verschlossen. Sie suchte hinter dem Stein, wo die Mutter für gewöhnlich den Schlüssel versteckte, aber dort war er nicht. Sie suchte die nähere Umgebung der Tür ab, erfolglos. Sie lief ins Haus und kontrollierte alle Schubladen, kramte in Schränken und Regalen, hinter Tellern und Schüsseln. Selbst unter der Bettmatratze der Mutter sah sie nach. Aber sie fand keinen Schlüssel.

Verzweifelt rief sie ihre Schwestern zusammen und führte sie vor die verschlossene Tür des Weinkellers. Vier Stufen führten hinunter zum versperrten Eingang.

„Seht her, die Tür ist fest verriegelt! Wir kommen an den guten Wein nicht heran!", sagte sie zu ihren Schwestern.

Die älteste Tochter blieb auf der obersten der vier Stufen stehen und sprach: "Bestimmt hat die Mutter den Schlüssel mitgenommen. Und sie wird ihre guten Gründe haben, warum sie das getan hat. Wir sollten uns deshalb keine Sorgen darum machen. Die Mutter weiß was sie tut."

Die zweite Schwester war auf der nächsten Stufe stehen geblieben und diese sagte: „Was machst du dir solchen Kummer? Das ist doch nicht der Rede wert! Wir schenken den Gästen einfach billigen Wein in silberne Becher. Das werden sie gar nicht bemerken."

Die dritte Schwester, die wieder eine Stufe weiter stand, zuckte die Schultern. Dann sprach auch sie: „Ich sehe die Sorge wohl. Aber da kann man nichts machen. Ohne Schlüssel kann man diese Tür niemals öffnen."

Die jüngste Schwester blickte auf die vierte Wirtstochter, die auf der untersten Stufe ihr am nächsten stand. Aber auch diese schüttelte den Kopf und jammerte: „Was kann ich schon tun! Die drei älteren Schwestern wissen sich keinen Rat und da soll ich diese schwere Türe öffnen können?"

„Lass es gut sein!", sagte da die älteste Wirtstochter. „Lasst uns zurück an unsere Arbeiten gehen, das ist wichtiger!"

Die jüngste Tochter aber folgte ihren Schwestern nicht zurück ins Haus, sondern blickte nachdenklich auf die Türschließe. Kurzerhand beschloss sie zu ihrem Freund, dem Sohn des Schmieds zu laufen, um ihn zu bitten, einen zweiten Schlüssel zu fertigen.

Dieser hörte sich die Geschichte an, schüttelte aber den Kopf.

„Ich kann Dir nur dann einen zweiten Schlüssel machen, wenn ich den ersten als Form in der Hand habe. Aber wir wollen meinen Vater fragen, vielleicht weiß er einen Rat."

Doch auch der erfahrene Schmied schüttelte den Kopf.

„Ich kann euch da nicht helfen. Das ist unmöglich."

Als er jedoch sah, wie unglücklich das Mädchen war, sagte er vorsichtig: „Es gibt da eine Sache, die vielleicht nützen kann. Ich selbst habe davon nur erzählen gehört und weiß nicht mehr dazu zu sagen, als das."

„Was immer es ist, ich will es versuchen", sprach das Mädchen.

„Man erzählt sich unter den Schmieden, dass es hoch oben in den Bergen bei der verlassenen Erzmine eine Zauberin gibt", erzählte der Schmied. „Man sagt, sie hat große Fähigkeiten, aber man sagt auch, dass sie die Einsamkeit liebt und böse wird, wenn sie sich gestört fühlt."

„Ich will es versuchen!", sprach die junge Wirtstochter.

„Es ist aber sehr weit und du wirst drei Tage gehen müssen, um zur Erzmine zu gelangen."

„Oh!", machte das Mädchen enttäuscht, denn so viel Zeit blieb nicht, bevor die hohen Gäste kommen sollten.

„Ich begleite dich!", bot der Sohn des Schmieds ihr an. „Ich will meine Freunde fragen, ob sie uns eines ihrer Pferde geben. Dann können wir den Weg in nur einem Tag zurücklegen."

Gesagt, getan.

Ein Sohn des Stadthalters borgte ihnen sein Pferd und so ritten die beiden jungen Leute in Richtung der Berge, so, wie der Schmied es beschrieben hatte.

Sie ritten viele Stunden und machten kaum Rast. Nur das Pferd tränkten sie an einem Bach, damit es neue Kräfte sammeln konnte.

Sie erklommen den besagten Berg über einen schmalen Pfad, der sich durch die Bäume schlängelte. Nach jeder Biegung hofften sie, endlich die Mine zu entdecken. Aber es war jedes Mal nur eine neue Wende auf dem Weg nach oben. Wieder und wieder ging es um die Kurve, nur um ein weiteres Stück des bekannten Pfades zu finden.

Nach unzähligen Windungen erreichten sie die ersten zackigen Felsen, dort wo keine Bäume mehr wuchsen und der Schnee das ganze Jahr über den Boden verhüllte. Der Sohn des Schmieds musste vom Pferd absteigen, denn der Schnee bedeckte den Pfad und sie waren gezwungen, diesen Schritt für Schritt zu suchen.

Endlich erreichten sie die verlassene Erzmine, wie es der Vater beschrieben hatte. Sie banden das Tier an einer geschützten Stelle an, damit es sich ausruhen konnte.

„Wo mag diese Zauberin nur wohnen?", fragte die Wirtstochter. „Hier ist es kalt und einsam. Niemand kann hier ernsthaft leben."

Gerade, als sie diese Worte sprach, zeigte ihr Freund mit dem Finger auf einen Höhleneingang im Eis ein Stück weiter oben.

Sie kletterten dorthin, bis sie vor der Öffnung standen, die wie ein Tunnel in das feste Eis führte. Es schimmerte leuchtend blau und grün und silbern und war der herrlichste Anblick, den sie je gesehen hatten.

Sie gingen hinein. Vorsichtig schritten sie voran, bis sie in eine kleine Halle kamen, deren Wände ganz aus Schnee waren. An der Decke waren Fenster aus klarem Eis, durch die die Sonnenstrahlen hereinfluteten. In der Mitte stand ein Tisch aus Schnee und blaue und silberne Eisblumen verzierten die Wände. Von der Decke hingen tausende Eiskristalle, die einen wundersamen Klang von sich gaben, wenn sie sich sanft berührten.

Staunend bewunderten die beiden die Pracht und vergaßen darüber beinahe, warum sie gekommen waren.

„Es ist lange her, dass ich Gäste hatte", sprach plötzlich eine Stimme hinter ihnen.

Als die beiden jungen Leute sich erschrocken umblickten, stand da die Zauberin direkt vor ihnen. Sie trug ein langes, blaues Kleid und einen dunkelblauen Umhang. Auf dem Kopf balancierte sie einen spitzen Hut, der ebenfalls blau und grün und silbern schimmerte, wie das Eis selbst.

„Wir wollen nicht stören", sagte die Wirtstochter ein wenig ängstlich.

Aber die Zauberin lächelte sie freundlich an.

„Ich würde mich über mehr Besuch freuen!", antwortete diese und wies ihnen einen Platz am Tisch an. „Nur wenige Menschen machen sich die Mühe des langen Weges zu mir herauf. Sie denken sich lieber wilde Geschichten über mich aus, die ihnen Angst machen, um den Besuch bei mir zu vermeiden. Die Menschen sind in der Tat selten mutig genug."

Erst dann fragte sie: „Was ist Euer Anliegen?"

Da schilderte die Wirtstochter ihre Suche nach dem Schlüssel.

Die Zauberin nickte mit spitzen Lippen und machte viele „hm hm hm" während das Mädchen erzählte. Sie ging ein paar Mal vor dem Tisch nachdenklich auf und ab und der Sohn des Schmieds und die Wirtstochter folgten ihren Schritten gebannt mit den Augen.

Dann sprach sie: „Ich will dir diesen Schlüssel fertigen. Dafür benötige ich aber je ein langes Haar eines Mädchens: ein weißes, ein schwarzes, ein braunes und ein goldenes und auch ein rotes! Die Haare müssen aber ganz frisch sein, sonst wirkt der Zauber nicht. Du musst die Mädchen also hierherbringen."

Nun wollte es das Schicksal, dass alle fünf Wirtstöchter langes Haar trugen: Die Älteste so hell blondes Haar, dass es weiß wirkte. Die Zweite so dunkles Haar, dass es tief schwarz glänzte. Die Dritte hatte haselnussbraunes Haar und die Vierte blondes Haar, das wie Gold schimmerte. Sie selbst, die jüngste Wirtstochter, hatte leuchtend rotes Haar.

Deswegen machten sich die beiden sofort wieder auf den Weg hinunter in das Tal und eilten sogleich zum Wirtshaus. Als die jüngste Tochter die Wirtsstube betrat, fand sie ihre Schwestern darin alle vor.

Die Älteste stand hinter dem Tresen und betrachtete lächelnd und unbeweglich die silbernen Becher, die sie vor sich aufgereiht hatte. Immer wieder schob sie erst den einen, dann den anderen ins rechte Licht und musterte den Widerschein des Silbers.

Die Zweite saß am Tisch und füllte einmal billigen Wein in Krüge und ein andermal sortierte sie fieberhaft Erbsen von Linsen, die sie auf einem hohen Berg vor sich aufgetürmt hatte. Sie zählte laut vor sich hin und blickte nicht von ihrer emsigen Arbeit auf. Immer wieder schob sie ein Kügelchen nach rechts, dann wieder eines nach links, einen Krug nach rechts, den anderen nach links.

Die Dritte schlug gerade auf die jüngere Schwester mit einem Geschirrtuch ein und schimpfte: „Lass den Besen! Wir müssen alle Vorhänge waschen, das ist die wichtigere Arbeit. Du sollst mir bei dieser großen Wäsche zur Hand gehen!"

Die vierte Wirtstochter jammerte nur: „Aber ja, aber ja!" und versuchte den Hieben auszukommen, indem sie um die Schwester herumlief.

„Meine Schwestern! Hört mich an!", sprach die jüngste Wirtstochter und erzählte von der Zauberin auf dem Berg, die einen Schlüssel für sie fertigen wollte, so sie denn die verlangten Haare haben könnte. Sie lief zu der ältesten Wirtstochter und fasste sie an den Händen.

„Unsere Mutter hatte nicht vorhersehen können, dass wir so hohen Besuch erhalten würden. Sie hätte den Schlüssel gewiss nicht mitgenommen, wenn sie das geahnt hätte!"

Da machte die älteste Schwester ein nachdenkliches Gesicht.

Und zur zweiten Tochter sagte sie: "Was nützen die glänzenden Silberbecher und die reinsten Speisen, wenn der dazu gereichte Wein sauer schmeckt?"

Auch die zweite Wirtstochter hielt in ihrer emsigen Arbeit inne und dachte nach.

Dem dritten Mädchen nahm sie das Geschirrtuch ab und sagte: „Halte ein zu schlagen! Richte lieber unsere schönen Kleider her, damit wir sie später gleich anlegen können, wenn die hohen Gäste kommen."

Die dritte Schwester stemmte nachdenklich brummend die Fäuste in die Hüften.

Der vierten reichte sie ein Tuch und sprach: „Hör auf zu jammern! Putz dir die Nase und besorge uns zwei Esel vom Nachbarn."

Aber die Schwestern bewegten sich noch immer nicht.

„Und wer macht hier die Arbeit, wenn wir alle fünf auf den Berg gehen?", fragte die Älteste und die drei anderen Schwestern nickten beifällig.

„Wer anderes hat so weißes Haar wie du, so haselnussbraunes wie du, so golden blondes wie du und so glänzend schwarzes wie du?", antwortete die Jüngste und zeigte der Reihe nach auf jede Schwester.

Die Mädchen mussten zugeben, dass dies in der Tat ein außergewöhnlicher Umstand war und sie niemand sonst kannten, der die Farben der Haare auf so auffallende Weise vereinte. Also fügten sie sich und machten sich doch auf den Weg.

Sie folgten demselben sich windenden Pfad, Biegung um Biegung hinauf auf den Berg, bis zu dem Schneefeld und den zackigen Felsen. Die Schwestern staunten mit offenen Mündern, als die Jüngste sie durch den Eingang in die Schneehalle führte. Dort riss sich eine jede ein langes Haar vom Kopf und legte es sorgsam auf den Tisch: ein weißes, neben ein schwarzes, neben ein goldenes, neben ein haselnussbraunes, neben ein rotes.

Die Zauberin erschien wie aus dem Nichts, sobald das letzte Haar niedergelegt war. Sie schwang einen leuchtenden Zauberstab und die Kristalle über den Köpfen der Mädchen begannen in wundersamer Weise zu singen.

Die Haare aber wickelten sich ineinander und begannen die Form eines Schlüssels anzunehmen. Aus den Kristallen rieselte reinster Schnee von der Decke, der sich sanft auf den Haarschlüssel legte, bis dieser über und über von Schnee bedeckt war. Als die Zauberin befand, dass die Form passend war, sprenkelte sie ein wenig Eiswasser darüber, welches den Schlüssel ummantelte. Sie legte ihn sorgfältig auf ein großes Tablett. Dann reichte sie den Mädchen den Schlüssel, der nun über und über mit glänzenden Kristallen bedeckt war und wie kostbarstes Silber im Schein des Eises funkelte.

„Dies wird Euch den Eingang öffnen!", sprach die Zauberin. „Ihr müsst aber die Tür noch vor Sonnenaufgang erreichen. Denn wenn die Sonnenstrahlen ihn treffen, wird er wieder zu Wasser zerrinnen."

Die fünf Schwestern bedankten sich.

Geschwind wickelten sie den Eisschlüssel in ein Tuch und sammelten Schnee, den sie in einem großen Schneeball um den Stoff formten. Den Schneeball legten sie wieder in eine große Decke, durch welches sie dann denn Wanderstab schoben, der ihnen auf dem Weg nach oben gute Dienste geleistet hatte. Auf diese Weise trugen die Esel das kostbare Gut wieder hinunter ins Tal.

Aber die Zeit drängte und die Mädchen trieben die Esel zu immer schnellerem Trab an, bis die Schneekugel aus der Halterung rutschte und den Berg hinunterkugelte. Der Schneeball rollte und rollte und wurde größer und größer und blieb nicht liegen. Er kullerte den gesamten Hang hinunter ins Tal, bis er in der Dunkelheit verschwand und nicht mehr zu sehen war.

Die Schwestern blickten entsetzt hinterher und hielten sich die Hände an die Wangen.

„Alles war umsonst! Wir hätten es lieber gleich bleibenlassen sollen! Das haben wir nun davon", sprach die Älteste.

„Wie gewonnen, so zerronnen", meinte die Zweite nur und zuckte die Achseln. „Laufen wir lieber eilig nach Hause!"

„Ihr hättet die Esel nicht so antreiben dürfen", schimpfte die Dritte und schlug aus Wut auf die Tiere ein, die laut brüllend von dannen liefen.

„Nun sind wir verloren!", jammerte die Vierte, setzte sich in den Schnee und vergrub den Kopf in den Armen.

„Ihr undankbaren Geschöpfe!", donnerte da eine Stimme von oben herab, dort wo sie den Höhleneingang zu der Zauberin wussten. „So geht ihr also mit meinen Geschenken um!"

Kaum hatten sie die Drohung vernommen, erschien auch schon die Zauberin vor ihnen. Wütend schwang sie ihren Zauberstab in Richtung der Ältesten und verwandelte sie in einen Schneehasen, so weiß, wie ihr Haar. Dann wendete sie sich der Zweiten zu und verwandelte auch diese in einen Hasen, so schwarz wie ihr Haar. Und ebenso tat sie es mit der Dritten und Vierten.

Die Jüngste indes war nicht untätig geblieben, sondern hatte sich das Tablett ergriffen, auf dem der Schlüssel überreicht worden war.

„Folgt mir nach, meine Schwestern!", rief sie den Hasen zu, gerade als sich die Vierte als hellbeiges Kaninchen zu den anderen Hasen im Schnee gesellte.

Bevor die Zauberin sich umdrehen konnte, um auch sie zu verwandeln, schwang sich das Mädchen auf das Tablett und sauste wie auf einem Schlitten genau den Weg den Hang hinab, den der Schneeball genommen hatte.

Schon konnte die Zauberin sie in der Dunkelheit der Nacht nicht mehr ausmachen. Die vier Kaninchen hoppelten hinterher.

Es wurde eine wilde Schlittenfahrt durch dunkle Bäume und tiefen Schnee, aber die jüngste Tochter lenkte ihr Gefährt immer entlang der Schneise, die der große Schneeball in die Landschaft gezogen hatte.

Dort, wo der Schnee weniger wurde und die Luft wärmer, war die weiße Kugel auf einer Wiese liegengeblieben. Die jüngste Wirtstochter erblickte sie jedoch in ihrer rasanten Fahrt durch die Nacht zu spät und sauste in vollem Rutsch in den Schneeberg, so dass das Tablett in hohem Bogen durch die Luft flog.

Aber sie rappelte sich gleich wieder auf und klopfte den Schnee aus den Kleidern.

„Man muss den Schlüssel ausgraben", dachte sie bei sich. Aber der Schneeberg vor ihr war so groß, dass sie nicht wusste, wo beginnen.

„Hier her, ihr Hasen!", rief sie in die Dunkelheit den Berg hinauf.

Nach einer Weile kamen die Tiere in großen Sprüngen den Hang herunter und blieben zu ihren Füßen stehen.

„Grabt mit den Hinterläufen Tunnel in den Schneeberg", wies sie die jüngste Wirtstochter an. „Findet die rechte Stelle zum Suchen für mich!"

Sogleich begannen die Kaninchen von vier Seiten so schnell zu schaufeln, dass Schnee nur so durch die Luft flog. Mit gemeinsamen Kräften fanden sie schnell die rechte Stelle und legten den Eisschlüssel frei.

Wieder wickelte das Mädchen den Schlüssel in Schnee. Diesmal trug sie ihn aber selbst mit aller Vorsicht. Die vier Hasen hoppelten hinter ihr her.

Sie erreichten die Stadt gerade bei Sonnenaufgang. Der Schneeball begann schon zu schmelzen und Wasser tropfte entlang des Weges, den sie zurücklegten bis zum Haus und dem Weinkeller. Wasser tropfte auf die vier Stufen vor der verschlossenen Tür und wusch diese auf zaubersame Weise rein und glänzend wie eine Schlosstreppe.

Die Jüngste löste den Eisschlüssel vorsichtig aus der Hülle und schob ihn achtsam ins Schloss der Tür. Er passte, ohne zu klemmen, wie das der alte Eisenschlüssel immer zu tun pflegte. Mit Bedacht drehte sie ihn dreimal nach rechts.

Da sprang die Tür knarrend auf.

Und wie sie durch die Tür trat, gefolgt von den Hasen, verwandelte sich einer nach dem anderen wieder in die jeweilige Schwester. Die Mädchen fassten sich an den Händen und lachten vor Freude.

Sie holten den besten Wein aus dem Keller und verrichteten gemeinsam die restlichen Arbeiten, die zu tun noch anstanden, bevor die hohen Gäste kamen. Als der Schlüssel in der warmen Sonne gänzlich geschmolzen war, fiel die schwere Holztür wieder krachend ins Schloss.

Am nächsten Tag kamen die hohen Gäste und alles war zum Besten bestellt. Es fehlte an nichts.

Stolz berichteten sie ihrer Mutter nach deren Rückkehr von dem Besuch der königlichen Gäste.

Neben den vier Stufen aber sprudelte von diesem Tag an eine Quelle mit so klarem Wasser, wie es nirgends in der Stadt sonst zu finden war. Das Wasser war so erfrischend, dass die Menschen aus dem ganzen Königreich kamen, um es zu kosten. Die Mädchen tauften das Wirtshaus auf den Namen „Zur sprudelnden Quelle" und es wurde ein berühmtes Wanderziel für viele Pilger aus aller Welt.

Dieses Wirtshaus gibt es auch heute noch. Und obwohl niemand genau weiß, wo es ist, kommt es doch vor, dass ein Wanderer die Quelle findet.

Der Zauber der Wasserfee

Es war einmal ein reicher Gutsbauer, der hatte zwei Kinder. Eine Tochter, die hatte schwarzes langes Haar, das wie Samt in der Sonne schimmerte. Und er hatte einen Sohn, der ebenso dunkles Haar auf seinem Kopf trug. Beide Kinder zeichneten mandelförmige, dunkle Augen aus, wie sie einst ihre Mutter hatte, weshalb sie alle sofort als Bruder und Schwester erkannten.

Am Gutshof lebten viele Bedienstete. Aber der Bauer ließ seine beiden Kinder schon früh anleiten auf dem Hof Hand anzulegen.

Sein Sohn arbeite als Aufseher auf dem Felde, schaffte den Knechten und Mägden die Arbeit und kontrollierte die Erträge. Am liebsten zählte er am Ende der Ernte die Einnahmen und führte Buch über alles. Wann immer er Zeit hatte, schritt er durch die Vorratskeller und Scheunen, um die reichen Bestände zu betrachten und sich darüber zu freuen.

Die Tochter aber musste arbeiten wie die Mägde selbst, das Haus reinhalten, kochen und flicken, den Garten bestellen und Gemüse putzen. Am liebsten arbeitete sie im Obstgarten, wo sie viele Apfel-,

Kirsch- und Pflaumenbäume pflegte. Wann immer sie Zeit hatte, schritt sie durch den Garten, um die großen Bäume zu betrachten und sich darüber zu freuen.

Die Frau des Gutsherrn war früh gestorben. Dieser hatte nicht wieder geheiratet und eines Tages starb auch er. Er vermachte den Gutshof seinen beiden Kindern, die inzwischen zu jungen Leuten herangewachsen waren. Die Tochter erhielt den Obstgarten. Der Sohn bekam das Gutshaus und die Wirtschaftsgebäude und das gesamte Land und die Felder und die Vorräte aller Lagerkeller. Alle Knechte und Mägde arbeiteten von nun an für ihn.

Kaum war der Vater unter der Erde, sagte der junge Mann zu seiner Schwester: „Du kannst jetzt nicht mehr im Gutshaus wohnen. Das ist nicht mehr dein Zuhause. Dein Heim ist nun der Obstgarten. Sieh zu, dass du dir dort eine Hütte baust und dein Auskommen sicherst. Der Gutsbesitz ist mein Anteil."

Das Mädchen ging traurig in ihren Garten und bettete sich dort unter dem größten Baum ein Lager aus Moos und Blättern. Bevor sie schlafen ging, lief sie an den großen Teich, der an ihren Garten grenzte, blickte aufs Wasser und seufzte: "Was soll nun aus mir werden?"

Erst dann legte sie sich nieder.

Dies ging drei Abende so.

Am dritten Abend erblickte sie, wie sie so aufs Wasser sah, eine wunderschöne sich drehende Gestalt. Das Wesen war ganz aus klaren Wassertropfen geformt und tanzte wie ein junges Mädchen lachend auf der Oberfläche des kleinen Sees.

Die Gutstochter dachte zu träumen, weshalb sie sich selbst in den Arm kniff. Aber die hübsche Kreatur verschwand nicht.

„Zweifle nicht an dem, was du siehst", sprach die Wassergestalt mit freundlicher Stimme zu ihr. „Es gibt mich wirklich."

„Du bist das zauberhafteste Wesen, das ich je gesehen habe!", sprach das Mädchen voll Bewunderung über die Schönheit der Figur, welche sie nun aus der Nähe gut betrachten konnte.

„Das haben Feen so an sich", lachte diese. „Du musst wissen, ich bin eine Wasserfee. Aber danke schön für die netten Worte! Auch wir Feen hören das nicht oft, denn die meisten Menschen denken, dass es normal ist, dass Feen hübsch anzusehen sind."

„Wenn du eine Fee bist, kannst du mir dann helfen?", fragte die Gutstochter. „Kannst du mir ein wenig Gesellschaft leisten? Ich bin ganz alleine."

„Oh, das will ich gerne!", antwortete die Fee und tanzte einmal im Kreis über das Wasser. „Ich kann nur den Teich nicht verlassen. Du musst hierherkommen, wenn du meine Gesellschaft wünschst."

„Ich würde gerne so tanzen können wie du!", sagte die Gutstochter.

„Nichts ist leichter als das!", antwortete die Fee. „Komme nur morgen Abend um dieselbe Zeit hier her! Jetzt ist es schon zu dunkel und ich muss bald zurück auf den Grund des Teiches."

Die Gutstochter verabschiedete sich und legte sich guter Dinge schlafen. Am nächsten Tag pflückte sie viele Körbe Kirschen. Sie trug sie auf den Markt und verkaufte sie dort gut.

Mit der Dämmerung wartete sie am Teichufer. Pünktlich, als der letzte Sonnenstrahl hinter dem Horizont verschwand und der Himmel das Wasser rot färbte, tauchte die Fee vor ihr auf.

Sie reichte dem Mädchen die Hand und führte es aufs Wasser. Wie staunte die Gutstochter da, weil sie auf der Oberfläche dahinschreiten konnte, ohne einzusinken! Sie tanzten so lange, bis es zu dunkeln begann und die Fee sich verabschiedete.

Auf diese Weise ging es viele Male: Am Tage erntete das Mädchen Früchte, brachte sie auf den Markt und abends tanzte sie hingebungsvoll mit der Wasserfee. Die Gutstochter vergaß über diese Freude völlig ihren Kummer.

Eines Abends sagte die Fee zu ihr: „Du hast willig gelernt. Du tanzt nun ebenso gut wie ich. Und als Geschenk für deine Leistung will ich dir dieses Kleid geben. Verwahre es gut, denn mit diesem Gewand kannst du auch auf dem Land so schön tanzen, wie hier auf dem Wasser."

Sie reichte dem Mädchen ein wundersames Kleid ganz aus silbernem Wasser und über und über durchwirkt mit schimmernden Flussperlen.

„Ich danke dir von ganzem Herzen!", rief das Mädchen und warf das Kleid sofort über. Sie wirbelte mit dem neuen Gewand über das Wasser und freute sich so sehr über alles, dass sie sich völlig alleine ohne Hilfe der Fee drehte. Als sie atemlos innehielt und wieder aufblickte, war die Wasserfee verschwunden, obwohl es noch gar nicht dunkelte.

Die Gutstochter verstaute das kostbare Kleid unter dem großen Kirschbaum und hüllte es sorgsam in eine Decke, damit es in der Sonne nicht austrocknen mochte.

Sie ging weiterhin jeden Abend an den Weiher, aber die Wasserfee kam nicht wieder. Da beschloss das Mädchen, das Kleid trotzdem anzuziehen und zu dieser Stunde alleine am Rande des Teiches zu tanzen.

„Ich tanze so gut wie die Fee", sprach sie zu sich selbst. Ich habe es gelernt und ich will es weiter beibehalten und mich darüber freuen."

So hielt sie es von diesem Tag an und tanzte jeden Abend zur gleichen Stunde am Teich.

Eines Abends kam ein junger Bauernsohn des Weges, der sein Glück mit goldenem Bienenhonig gemacht hatte und im ganzen Land dafür bekannt war. Er war auf der Suche nach einem neuen Platz für seine Bienenkörbe. Er entdeckte die Gutstochter am Rande des Wassers, die in ihrem glänzenden Kleide so bezaubernd tanzte, wie er nur die Prinzessin des Königreiches selbst einmal hatte tanzen sehen.

„Du siehst wunderschön aus in diesem Kleid!", sagte der Bursche frei heraus.

Die Gutstochter hielt in ihrem Tanze inne, um zu sehen, von wem diese überraschenden Worte kamen. Sie kannte den Bauernsohn, wie alle im Königreich, denn auch im Gutshaus hatte man stets den Honig bei ihm gekauft.

„Ich danke dir", antwortete sie. „Ja, das Kleid ist in der Tat sehr außergewöhnlich. Ich liebe es sehr."

Dann fragte der junge Mann, ob er seine Bienenkörbe in ihrem Garten aufstellen dürfte und das Mädchen zeigte ihm gerne den Weg. Am nächsten Abend, nachdem sie eine Weile getanzt hatte, hörte sie wieder überraschende Worte: „Du tanzt wirklich wunderschön!"

Abermals hielt sie ihren Tanz an und blickte auf den Bauernsohn.

„Ich danke dir", antwortete sie wie am Tage zuvor. „Ja, ich habe viel geübt, um diese Bewegungen zu erlernen und ich will die Fähigkeit gerne bewahren."

Diesmal fragte der junge Mann, ob er nach seinen Bienenkörben sehen dürfte, ob sie wohl am rechten Platz stünden und die Bienen sich dort gut fühlten. Und wieder führte sie ihn zu dem Ort in ihrem Garten.

Als sie am darauffolgenden Abend die Worte „Du tanzt wunderschön in diesem glänzenden Kleide!" zum dritten Mal hörte, drehte sie sich zu dem jungen Mann um und sprach:

„Ich danke dir für deine angenehmen Worte. Viel lieber aber würde ich von dir hören, dass du mir gerne Gesellschaft leistest. Oder warum kommst du jeden Abend hier her?"

Da wurde der Bauernsohn ganz still. Dann sprach er: „Gewiss, es ist nicht das Kleid, weshalb ich komme. Und es ist auch nicht dein Tanz alleine. Ich will dir gerne Gesellschaft leisten, wenn du mich lässt."

So kam es, dass er jeden Abend in den Garten kam um die Gutstochter zu besuchen und ihr Honig zu bringen.

Der Kirschernte folgte die Ernte der Äpfel und dann die der Pflaumen. Gemeinsam bereiteten sie aus seinem Honig und dem Saft der Äpfel, die schon zu Boden gefallen waren und auf dem Markt nicht mehr verkauft werden konnten, einen süßen Apfelwein. Alle, die Honig oder Früchte kauften, wollten auch davon probieren und schon bald war die Nachfrage so groß, dass sie neuen zubereiten mussten. Binnen kurzem wurden sie beste Freunde. Und als es Winter wurde, feierten sie Hochzeit.

Im darauffolgenden Frühjahr erbauten sie ein schönes Gutshaus am Rande des Teiches. So stattlich wie das alte Anwesen des Bruders. Als das Haus fertig war, luden sie zu einem großen Fest.

Auch ihr Bruder, der Sohn des verstorbenen Gutsherrn, hatte inzwischen eine Braut, die er auf das Fest mitbrachte. Es wurde gespeist und getanzt. Die Gutstochter trug zu diesem Anlass das kostbare Kleid der Wasserfee und sie tanzte unter großer Bewunderung aller wie eine Prinzessin.

Als der Bruder den wertvollen Aufzug seiner Schwester gewahrte und sah, wie sie den Stoff im Tanze schimmern ließ, wollte er wissen, wie sie zu solch außergewöhnlichem Gewand gekommen war. Da erzählte sie ihm genau, wie es sich zugetragen hatte.

Der Bruder dachte bei sich, dass es nicht angehen konnte, dass seine Braut als zukünftige Gutsherrin des größten Hofes weit und breit ein weniger kostbares Kleid trug als seine Schwester! Er beschloss selbst an den Weiher zu gehen und eine noch prachtvollere Ausstattung für seine Braut zu holen.

Drei Abende ging er an den Teich und seufzte dreimal: „Was soll nun aus mir werden?"

Und in der Tat! Als er es das dritte Mal aussprach, erschien die Wasserfee. Wie seine Schwester es geschildert hatte, bewegte sie sich anmutig und graziös über das Wasser und war die schönste Gestalt, die er je gesehen hatte. Aber er dachte bei sich, dass sie als Fee eben hübsch aussehen musste und dass dies keines Lobes nötig sei.

Deshalb sagte er: „Da bist du ja! Ich habe auf dich gewartet. Du bist doch die Wasserfee?"

Das Wesen hielt ihren Tanz vor ihm an und nickte freundlich. „Ja, die bin ich. Brauchst du Gesellschaft, weil du alleine bist?"

Der Gutsherrensohn verschränkte die Arme vor seiner Brust. „Ich bin es gewohnt, die Dinge alleine zu machen! Nein, Gesellschaft brauche ich nicht. Aber du kannst mir das Tanzen beibringen", antwortete er und bei sich dachte er, dass er so das prachtvollste Kleid für seine Braut als Lohn für seine Tanzkünste erwerben könnte.

„Nichts ist leichter als das!", antwortete die Fee. „Komme nur morgen Abend um dieselbe Zeit wieder hier her. Jetzt ist es schon zu dunkel und ich muss bald zurück auf den Grund des Teiches."

Den folgenden Tag lief der Gutsherrensohn recht unwirsch über die Felder und durch die Gebäude und scheuchte die Knechte und Mägde herum, sobald sie ihm in den Weg kamen. Am Abend machte er sich voll Ungeduld auf an den Weiher.

Pünktlich, als der letzte Sonnenstrahl hinter dem Horizont verschwand und der Himmel das Wasser rot färbte, tauchte die Fee vor ihm auf. Sie reichte ihm die Hand und führte ihn auf das Wasser. Der junge Mann, der nur Zählen und Kontrollieren gelernt hatte, setzte mühsam einen Fuß neben den anderen. Er dachte bei sich, wenn er nur dem Beispiel der Wasserfee folgte und alles genauso ausführte wie sie, würde er schon an sein Ziel gelangen, ohne selbst tanzen erlernen zu müssen.

Sie drehten sich so lange, bis es zu dunkeln begann. Zum Abschied sprach die Fee zu dem Gutsherrensohn: „Für den ersten Tag hast du die Sache recht gut gemacht!"

Doch der Gutsherrensohn verschränkte wieder die Arme vor seiner Brust und antwortete: „Ach, das ist gar nichts! Soll sie mich nicht loben, als bis ich besser tanze als der Prinz des Königshauses selbst!"

Auch in den folgenden Tagen erschien der junge Mann jeden Tag zur selben Zeit, um das schönste Kleid für seine Braut zu ertanzen. Und nachdem die Fee mit dem jungen Gutsbauern geübt hatte, lobte sie ihn Abend für Abend über seine Fortschritte. Jedes Mal antwortete er mit denselben Worten: „Soll sie mich nicht loben, als bis ich besser tanze als der Prinz des Königshauses selbst!"

Doch nachdem sieben Abende vergangen waren, erschien die Fee nicht mehr. Und auch am achten Abend wollte sie nicht auftauchen. Da wurde der junge Mann ärgerlich, denn das Kleid als Belohnung war der alleinige Grund seiner Mühen gewesen und das hatte er noch nicht erhalten.

Wütend stapfte er am Rande des Teiches hin und her und rief nach der Wasserfee.

„So haben wir nicht gewettet!", rief er. Dabei wirbelte er sich im Kreis drehend in Richtung des Wassers. „Noch tanze ich nicht wie der Prinz des Königshauses selbst! Sieh her, du Fee! Sieh, wie ungeschickt ich tanze!"

Und er stampfte laut und schnaufend so lange im Kreis bis die Fee am Rande des Wassers tatsächlich erschien. Diesmal tanzte sie aber nicht, sondern sah ihn schweigend an.

„Du musst mich lehren wie ein Prinz zu tanzen und mir dann den Lohn für meine Leistung geben", sprach der Gutsherrensohn. „So geht die Geschichte! So ist es bestimmt. Du musst mir tanzen lernen und mir dann ein perlenbesticktes Kleid aus silbernem Wasser geben. Du kannst dich nicht davon machen, bevor die Wette eingelöst ist."

Die Fee schwieg und sah ihn lange an.

„Das Gewand ist für dich noch nicht passend", antwortete sie schließlich.

„Was, du willst es mir nicht geben?!", rief der junge Mann zornig und griff nach dem Kleid der Fee. „Dann nehme ich es mir eben selbst."

Und damit zog er heftig am Tuch ihres Gewandes. Aber als er sie berührte, fielen tausend kleine Wassertropfen herab und er stürzte kopfüber in den Teich.

Als er schnaubend wieder an die Luft kam, war er über und über bedeckt von Schlamm und Algen. Er krabbelte mühsam an das Ufer und ging triefend und schmutzig zurück ins Gutsherrenhaus.

Die Diener und Knechte und selbst seine Braut erkannten ihn nicht. Sie sahen nur eine unheimlich dunkle Gestalt sich dem Hof nähern und rannten schreiend davon, denn sie glaubten, es wäre ein Gespenst aus dem Moor.

Endlich war der Gutssohn, völlig durchnässt, im Hause angekommen. Er war froh, wieder zurück zu sein, obwohl er nun ganz alleine auf dem Hof war. Und da er nur kommandieren und kontrollieren gelernt hatte, wusste er nicht, wie man Hand anlegte, um die einfachsten Arbeiten zu verrichten. Er wünschte sich seine Dienstboten und seine Braut zurück. Aber er dachte bei sich, dass sie ihren Irrtum schon bald bemerken und reuevoll zu ihm zurückkehren würden.

Doch die Tage vergingen, die Wochen vergingen, Monate vergingen, ohne dass sie zurückkehrten. Trotzdem beharrte er weiterhin auf dem Glauben, dass sie ihr Fehlurteil schon noch bemerken würden. Das alte Gutshaus verwahrloste, die Felder wurden nicht bestellt, die Wirtschaftshäuser zerfielen und Dornenbüsche überwucherten alles. Je mehr sein Anwesen verkam, umso seltener sah man den einsamen Gutsherrensohn. Und eines Tages begannen die Menschen sich zu erzählen, dass in diesem Gespensterhaus ein böser Geist hauste.

Von da an wagte sich niemand mehr auch nur in die Nähe des alten Hauses. Alle machten einen großen Bogen um diesen unheimlichen Ort und niemand konnte mehr sagen, was aus dem Gutsherrensohn geworden war.

Die Dinge im neuen Gutshaus aber gediehen prächtig. Die Gutstochter hatte geheiratet und bald war Kinderlachen im Garten zu hören. Und wenn sie ihre Kinder zu Bett brachte, erzählte sie ihnen die Geschichte von der Wasserfee.

An besonderen Tagen aber holte die Mutter das kostbare Kleid hervor und dann tanzten sie alle fröhlich am Rande des Teiches.

Und manchmal geschah es, dass sie dann ein fernes Lachen vom Wasser her hören konnten.

Die Mutprobe

Es war einmal ein reicher Müller, den alle den Südmüller nannten, weil er im Süden des Königreiches seine stattliche Mühle betrieb. Der hatte einen Sohn.

Seine Frau war bei der Geburt seines einzigen Kindes gestorben, weswegen er sich seitdem umso mehr um seine Geschäfte gekümmert hatte. Der Vater erfüllte seinem Sohn alle Wünsche, die man mit Geld kaufen konnte. Als der Müllersohn zu einem feschen Burschen herangewachsen war, schenkte ihm der Müller ein schmuckes Pferd, ebenso feurig wie das der Königskinder des Reiches. Die einfältigen Mädchen im Umland sprachen von dem jungen Müllersohn, wann immer dieser auf seinem Pferd stolz wie ein Prinz durch die Lande ritt, ohne sie eines Blickes zu würdigen.

Eines Tages versammelte der Müllersohn seine Freunde um sich. Da war der Sohn der Schokoladenbäcker, der seit Anbeginn mit ihm gemeinsam zur Schule gegangen war und deshalb sein ältester Freund war. Seine Haut hatte die Farbe von Schokolade und er war der Einzige, der zwei Sprachen sprechen konnte. Da waren die beiden Söhne des

Stadthalters, die seine Freunde geworden waren, weil sie die Einzigen waren, die ebenfalls Pferde besaßen. Da war die Tochter der Schneiderin. Sie war ihm seine liebste Freundin. Sie war einst mit ihrer Mutter aus einem fernen Lande gekommen und hatte wundervolle Stoffe mitgebracht. Ihre Haut war nicht so dunkel wie die der Schokoladenbäcker, aber auch nicht so hell wie die der anderen Leute. Und schließlich war da noch der Sohn des Schmieds, der sein treuster Freund war und der ihn für sein herrliches Pferd und seine Beliebtheit bei den jungen Mädchen stets bewunderte.

„Heute ist ein herrlicher Tag!", sagte der Müllersohn eines schönen Tages zu seinen Freunden. „Ich will mit euch ausreiten. Wer kommt mit? Wir haben drei Pferde und wir sind sechs. Jedes Pferd kann zwei von uns tragen."

Die Idee fand großen Anklang.

Also schnürten sie sich jeder einen Beutel mit ein wenig Nahrung, sattelten die Pferde und machten sich auf den Weg. Die Tochter der Schneiderin lud der Müllersohn auf seinen Rappen. Er war sehr stolz, sie vor sich im Sattel festzuhalten, um sie vor dem Fall zu schützen. Das Mädchen war eine gute Reiterin und brauchte diese Hilfe nicht. Aber sie ließ es gerne geschehen.

Bester Laune zogen sie über die Felder und freuten sich des herrlichen Tages. Als sie in die Nähe des Waldes kamen, hielt der Müllersohn seinen Rappen jäh an.

„Wer wagt es, mit mir in den Wald zu reiten?", fragte er seine Freunde voll Übermut und Lust auf Abenteuer.

Jeder wusste, dass dort ein böser Drache hauste. Niemand betrat je den Wald, wenn er es vermeiden konnte. Seine Freunde zögerten.

"Wir wollen doch sehen, wer den Mut hat, mir zu folgen?", sagte der Sohn des Müllers in die Runde.

Da erinnerte sich der älteste Sohn des Stadthalters an einen Auftrag, den sein Vater ihm am Morgen erteilt hatte. Deshalb sagte dieser:

„Ich kann euch nicht weiter folgen. Reitet ihr nur. Ich lasse euch mein Pferd. Ich muss zurück in die Stadt und meiner Aufgabe nachkommen, sonst zürnt mir mein Vater!"

Der Müllersohn machte ein grimmiges Gesicht.

„Da sieht man, wer der größte Feigling ist! Du bist nicht mehr mein Freund!", rief er ihm hinterher, als dieser sich zu Fuß auf den Weg zurückmachte.

„Nun, wer von euch will sich dieser Mutprobe stellen?", fragte er dann die verbleibenden Freunde.

Alle beschlossen, den Weg in den dunklen Wald einzuschlagen. Bereits nach wenigen Schritten war das Laubdach so dicht, dass die Sonne nicht mehr hindurch dringen konnte. Sie zogen ihre Jacken fester, da es kühl wurde. Leise knacksend schritten die Pferde durch die dichten Bäume, einmal links an einem Stamm vorbei, dann wieder rechts.

Da erinnerte sich der Sohn der Schokoladenbäcker, dass seine Eltern ihm ausdrücklich verboten hatten, jemals in den Wald zu gehen. Deshalb sagte dieser:

„Reitet ihr nur weiter. Ich habe meiner Mutter mein Ehrenwort gegeben, nicht in diesen Wald zu gehen. Ich will mein Versprechen nicht brechen. Ich gehe zurück!"

Wieder machte der Müllersohn ein grimmiges Gesicht.

„Auch du bist ein Feigling! Lauf nur zu deiner Mutter und weine dich aus! So einen will ich nicht mehr meinen Freund nennen!"

Während der Sohn der Schokoladenbäcker seines Wegs lief, ritten die anderen weiter tiefer in den Wald. An einem Bach machten sie halt, um zu essen und sich ein wenig auszuruhen.

„Binde die Pferde nur gut fest", sagte der Müllersohn zu seinem treuen Freund, dem Sohn des Schmieds. „Sie haben feine Ohren und können den Drachen schon von sehr weit hören. Dass sie uns nur nicht weglaufen!"

Sie setzten sich unter einem großen Baum ins Moos und verzehrten ihr Brot und die mitgebrachten Früchte. Nach einer guten Rast gingen sie zurück zu den Pferden, um wieder aufzubrechen.

Aber, oh je! Was mussten sie sehen: Nur noch ein Pferd stand angebunden da. Das Pferd des Müllersohnes und das des ältesten Sohnes des Stadthalters waren verschwunden.

Erzürnt über diesen schlimmen Verlust schimpfte der Müllersohn seinen Freund einen großen Dummkopf.

„Du hast die Leinen nicht fest genug angebunden. Sieh, was du angerichtet hast! Du, geh zurück! Du bist in dieser Mutprobe für uns nur ein Schaden! Man kann dich zu gar nichts brauchen! So einen will ich nicht mehr meinen Freund nennen!"

Der Sohn des Schmieds packte traurig sein Bündel und zog mit hängendem Kopf von dannen.

Da sprang ihm die Tochter der Schneiderin zu Seite und sagte zum Müllersohn: „Es ist nicht recht, dass du so mit ihm sprichst! Ich werde ihn begleiten."

Nun war es aber gerade sie, welcher er seinen Mut hatte beweisen wollen. Deshalb rief der Müllersohn ihr mit geschwellter Brust hinterher: „So etwas Einfältiges kann doch nur ein Mädchen sagen! Dann bist du eben nicht mehr meine Freundin! Wen kümmert das!?"

Zurück blieb somit nur noch der Müllersohn mit dem jüngeren der beiden Söhne des Stadthalters und dessen Pferd.

„Das trifft sich nur gut, dass sie geht. So sind wir gerade noch zwei und wir können uns den Sattel teilen!", sagte der Müllersohn forsch.

Sein Freund aber fürchtete nun um sein Pferd. Deshalb sagte er: „Ich will mein Pferd nicht riskieren wegen so einer Mutprobe. Ich will gerne mit dir weiter in den Wald gehen, aber zuerst bringe ich mein Pferd zurück in den Stall."

Das machte den Müllersohn nun gänzlich zornig.

„Das ist doch auch nur wieder eine dumme Ausrede!", rief er. „Ich werde nicht länger warten! Einen Lügner will ich nicht mehr meinen Freund nennen!"

Und damit trennten sich letztendlich auch die Wege des Stadthaltersohnes und des Müllersohnes. Dieser stapfte weiter voller Stolz tiefer in den Wald.

Nach einer Weile waren die Vögel im Wald ganz still. Es war so dunkel, dass es beinahe Nacht war. Der Müllersohn ahnte, dass er in der Nähe der Höhle des Drachen sein musste und es wurde ihm bange. Er war so lange in seinem Stolz vor sich hingelaufen, dass er die Zeit vergessen hatte. Nun war es zu spät, um umzukehren. Er musste sich wohl oder übel ein Nachtlager einrichten. Aber seine Decke und die Nahrung waren mit seinem Pferd verloren gegangen.

Es fröstelte ihn. Und er hatte Hunger. Er besaß nichts mehr, als die Kleidung, die er am Leib trug. Und da war auch kein Freund mehr, an dem man sich hätte wärmen können und der Gesellschaft leisten konnte. Wenn der Drache ihn nun so schutzlos finden würde, dann war er verloren!

Seine Glieder zitterten am ganzen Leib. Da sank der Müllersohn auf die Knie und begann bitterlich zu weinen. Das hatte er nicht gewollt! Erst schluchzte er leise in seinen Ärmel, aber dann wurde sein Weinen immer lauter.

„Wer auf die Jagd nach einem Drachen geht, sollte damit rechnen, einem zu begegnen!", sagte eine tiefe Stimme brummend über ihm.

„Was? Wer da?"

Der Müllersohn sprang erschrocken auf die Beine und wischte sich die Augen trocken. Aber er konnte niemanden sehen.

„Wer auf die Jagd nach einem Drachen geht, sollte damit rechnen, einem zu begegnen!", wiederholte die Stimme.

Er blickte nach oben, von wo die Worte kamen und erkannte, dass der große Baum vor ihm kein solcher war. Es war das Bein eines Riesen, der direkt vor ihm stand. Der Riese war nicht nur groß, sondern hatte kräftige Muskeln und starke Arme, die er über seinem Brustkorb verschränkt hielt, als er ein wenig spöttisch auf den zitternden Müllersohn herabblickte.

Dieser blieb vor Schreck und Staunen mit großen Augen erstarrt stehen.

„Wer auf die Jagd nach einem Drachen geht, sollte damit rechnen, einem zu begegnen!", sagte der Riese zum dritten Mal.

„Ich habe keine Angst vor dem Drachen!", behauptete der Müllersohn schließlich frech.

Der Riese drehte den Kopf langsam nach rechts, dann blickte er brummend in die andere Richtung, dann wieder auf den Burschen zu seinen Füßen.

„Ich sehe hier niemanden, dem du das beweisen müsstest."

Der Müllersohn wusste nicht, was er sagen sollte. Deshalb fragte er: „Wer bist du eigentlich?"

„Ich bin Odem, der Geist des Waldes. Ein entfernter Verwandter des Schlossgeistes Graf Consape von Valezza", antwortete der Riese erhobenen Hauptes.

„Du bist kein Geist, du bist ein Riese!", erwiderte der Müllersohn misstrauisch.

„Ich kann als Geist in jeder beliebigen Form erscheinen. Ich hielt es für angemessen, mich dir als Riese zu zeigen."

Wieder wusste der Müllersohn nicht, was er antworten sollte.

„Nun gut", brummte der Riese. „Du hast dich in eine missliche Lage gebracht. Du bist es trotzdem Wert, dass man dir hilft. Du sollst einen Wunsch frei haben. So es denn in meiner Macht steht, will ich dir diesen gerne erfüllen."

„Ha!", rief der Müllersohn schlau, „Ich weiß schon, was ich mir wünsche! Ich wünsche mir zehn weitere freie Wünsche von dir!"

Der Riese grinste und wiegte den Kopf hin und her.

„Das ist ein gutes Beispiel dessen, was *nicht* in meiner Macht steht!", antwortete er.

Der Müllersohn dachte nach. Ihm fielen zahlreiche Wünsche ein. So viele, dass er nicht wusste, welcher ihm der Wichtigste war? Berühmt und mächtig sein? Einen Stall mit so vielen Pferden, dass er jeden Tag ein anderes reiten konnte? Fliegen können wie ein Vogel? Jeden Tag Schokoladenkuchen? Einen Schatz mit so viel Gold, dass er sich alle Wünsche erfüllen konnte? Ein Huhn, das goldene Eier legte? König des ganzen Landes sein?

Nach einer Weile sagte er: „Ich will darüber nachdenken."

„Das ist eine gute Entscheidung", meinte der große Geist. „Du kannst einstweilen hier auf meiner Schulter sitzen. Hier oben bist du sicher und es lässt sich vorzüglich nachdenken, wenn man den Wald von oben sieht und die Bäume nicht mehr im Wege sind."

Er hielt dem Burschen seine große Hand hinunter, damit dieser hineinklettern konnte. Der Riese war größer, als der höchste Baum des Waldes und als er ihn auf seine Schulter setzte, konnte er die Baumkronen unter sich sehen, wie ein weites, grünes Meer. Die Sonne schien und ein blauer Himmel erstreckte sich bis zum Horizont. Tief unten in einer Bergmulde konnte er den Drachen schlafen sehen, der von oben klein wie ein Schoßhund wirkte. Auf einem Hügel glänzte das Königsschloss mit seinen bunten Fahnen auf den Zinnen und in der Ferne erblickte er die Mühle seines Vaters, dessen Windrad sich langsam im Winde drehte. Sein Pferd graste friedlich auf der Weide davor. Er sah auch die Stadt mit ihren Türmen, wo rege Geschäftigkeit herrschte und nun alle seine Freunde waren.

Ein tiefer Seufzer entsprang seiner Brust. Mit einem Mal wusste er, was sein größter Wunsch war.

„Ich will nicht mehr alleine sein. Ich will meine Freunde zurückhaben", murmelte er traurig. „Aber ich habe sie alle verjagt. Sie werden nichts mehr mit mir zu tun haben wollen."

„Du hast ihnen die Freundschaft gekündigt", nickte der Riese. "Das stimmt. Ich habe aber nicht gehört, dass sie das auch getan hätten. Ich will sehen, was sich machen lässt. Schlafe inzwischen ruhig ein wenig."

Kaum hatte der Riese das gesagt, schlossen sich dem Burschen die Augen und er fiel in einen tiefen Schlaf.

In wenigen Schritten war der Riese am Waldrand und legte den Müllersohn auf einer grünen Wiese ab. Er wartete, bis es dunkel wurde, und näherte sich dann vorsichtig der Stadt, so dass ihn niemand sehen konnte. Denn sonst hätten sich die Leute erschreckt und wären in ein wildes Geschrei ausgebrochen.

Er kniete nieder, holte tief Luft und blies mit aller Kraft so fest in die Häuser, Türme und Straßen, dass alle Menschen glaubten, ein fürchterlicher Sturm sei über sie hereingebrochen. Sie schlossen fest die

Fensterläden und zogen die Decken über den Kopf, um auf einen ruhigeren Morgen zu hoffen.

Auch die Freunde des Müllersohnes fürchteten den Sturm und dachten mit Bedauern daran, dass sie ihren Freund bei diesem Unwetter alleine im Wald gelassen hatten.

Am nächsten Morgen lief die Tochter der Schneiderin schon vor Sonnenaufgang zu den Freunden, um mit ihnen nach dem Müllersohn zu suchen. Gemeinsam eilten sie in Richtung des Waldes.

Auf halbem Wege fanden sie den Burschen reglos im Gras liegen. Schweigend standen sie im Kreis um ihn und ließen die Köpfe hängen. Das hatten sie nicht gewollt!

„Er hat sich schändlich benommen, gewiss. Aber er war mir trotzdem ein lieber Freund!", meinte der Sohn des Schmieds.

„Er hat sich stolz und hochnäsig gezeigt, gewiss. Aber er war uns trotzdem ans Herz gewachsen", sagten die Söhne des Stadthalters.

„Er war ungehalten und ungerecht, gewiss. Aber tief im Inneren hatte auch er ein gutes Herz", sprach die Tochter der Schneiderin.

Als der Müllersohn seine Freunde so sprechen hörte, schlug er die Augen auf. Da war die Freude groß und sie umarmten sich und versprachen sich, immer für einander da zu sein.

Von diesem Tag an waren die Sechs unzertrennliche Freunde. Und wenn einer einmal die Nase zu hoch trug, lehrten ihn die Anderen mehr Demut.

Vier rote Hufeisen

Es war einmal ein Schmied, der war derart kräftig und geschickt, dass sogar die Kuriere des Königshofes ihre Pferde bei ihm beschlagen ließen und Ritter aus allen Ländern kamen, um ihre Schwerter bei ihm anfertigen zu lassen. Er lebte alleine, arbeitete fleißig und war seines Lebens zufrieden.

Eines Tages zog ein schwerer Sturm über das Land und alle Menschen flüchteten sich in ihre Häuser und verriegelten die Fenster und Türen. Auch der Schmied legte seine Werkzeuge beiseite und schloss seine Schmiede, als ein Fremder in schwarzem Umhang auf einem schneeweißen Pferd des Weges kam und bei ihm Unterschlupf erfragte.

Der Schmied war ein gastfreundlicher Mann und zeigte dem Reiter, wo er sein Pferd einstellen konnte und als dieser ihn bat, das Tier noch in derselben Nacht mit neuen Hufeisen zu beschlagen, fachte er sein Feuer wieder an und machte sich an die Arbeit.

Er schlug das Eisen und hämmerte es in die gewünschte Form. Als er die Hufeisen jedoch in den Wassertrog tauchte, um sie abzukühlen, blieben diese rot wie glühendes Eisen. Und das, obwohl sie kalt und fest waren, wie es sein sollte. Der Schmied hatte dergleichen noch nie erlebt und machte große Augen.

„Das ist eine wunderschöne Farbe!", sagte der Fremde zu ihm. „Genau so wollte ich es für die Hufeisen haben. Beschlage ruhig das Pferd damit, es ist gut so."

Also beschlug der Schmied das Pferd des Fremden und wunderte sich im Stillen umso mehr über diesen merkwürdigen Vorgang.

Als er aber mit seiner Arbeit fertig war und seinen Lohn verlangte, lachte der Fremde nur laut und schwang sich auf sein Pferd ohne seine Börse hervorzuholen. Der Schmied, der kein Mann weder schwankenden Gemüts noch schwacher Gestalt war, wollte sich nicht mit Worten abspeisen lassen. Und da er nicht ahnte, dass der seltsame Fremde ein böser Zauberer war, drohte er ihm, die Hufeisen dem Pferd wieder abzunehmen, wenn er nicht bezahlen wollte. Da wurde der Zauberer sehr wütend, wetterte und fauchte, während sein Schimmel in einem stets enger werdenden Kreis tänzelte.

Nun geschah es unglücklicherweise, dass gerade, als der Streit am heftigsten gediehen war, eine junge Frau mit einem Baby des Weges kam, die ebenfalls, von dem Unwetter überrascht, im Haus des Schmieds Unterschlupf erbat. Der Zauberer hielt sie in seinem Zorn für die Frau des Schmieds und verwandelte kurzum die junge Mutter in einen Storch. Dann sprengte er auf seinem weißen Pferd mit den neuen roten Hufeisen davon in die dunkle Nacht. Schon bald sah man nur die leuchtend roten Punkte kleiner und kleiner werden, bis sie ganz verschwunden waren.

Der Schmied, der zu entsetzt über das Ereignis war, um dem Fliehenden hinterherzujagen, blieb zurück mit einem schreienden Baby zu seinen Füßen und einem Storch auf dem Dach.

Am nächsten Tag fragte er in der gesamten Stadt, ob jemand das Kind vermisse. Dann im ganzen Lande. Aber es fand sich niemand, der zu ihm gehören wollte. So nahm er es mit sich nach Hause und auch der Storch blieb beim Schmied und baute auf dem Dach der Schmiede ein großes Nest.

Er zog das Kind auf wie seinen eigenen Sohn. Der Storch wurde für den kleinen Buben ein guter Freund. Jeden Abend lief er vor dem Zubettgehen hinaus und rief „gute Nacht!" hinauf und jeden Abend klapperte der Storch mit dem Schnabel, bis das Kind eingeschlafen war.

So ging es mehrere Sommer lang und im Winter flog der Vogel mit den anderen Störchen nach Süden, um im Frühjahr wieder zu kommen. Aber eines Frühlings kam der Storch nicht wieder und das Nest blieb leer. Da sein Sohn sich von dem Kummer über das Fernbleiben des Vogels nicht erholen wollte, dachte sich der Schmied eine Geschichte aus, die den Buben beruhigen sollte. Er erzählte ihm, wie der Storch ihn als Baby gebracht hatte und da die Störche auch viele andere Babys zustellen mussten, konnten sie niemals bleiben und mussten eines Tages wegfliegen.

Das schien dem kleinen Buben eine vernünftige Erklärung und er grämte sich nicht mehr. Stolz begann er allen Menschen in der Stadt davon zu erzählen. Immer wieder. Die Menschen lachten, wenn er das tat und je mehr er seine Geschichte beteuerte, umso mehr lachten die Leute. Immer wieder. Dann wurde der Bub wütend, aber die Leute lachten ihn erst recht aus. So lange, bis er bitterlich zu weinen begann. Dann lachten sie nicht mehr, sondern trösteten ihn und sagten: „Freilich hat dich der Storch gebracht! Wir glauben dir!"

Immer wieder. So lernte der Sohn des Schmieds zu weinen, wann immer er wütend war, um das Lachen der Leute zu vermeiden.

Und jedes Mal, wenn er hinaus vor das Haus lief, traurig auf das leere Nest schaute, kam der Schmied gelaufen und munterte ihn auf.

„Was grämst du dich denn an so einem schönen Tag?", pflegte dieser dann zu sagen, lachte und wirbelte ihn durch die Luft, so lange, bis der Bub zu lachen begann. So lernte der Sohn des Schmieds zu lachen, wann immer er traurig war, um die Sorge im Gesicht seines Vaters zu vermeiden.

Und jedes Mal, wenn ein schweres Gewitter über das Land zog fürchtete der Schmied, dass der böse Zauberer zurückkommen würde. Dann tischte er alle Speisen aus der Vorratskammer auf, zündete alle Kerzen im Hause an und sie aßen und tranken, wie sonst nur an Festtagen. So lernte der Sohn des Schmieds zu essen, wann immer er Angst verspürte, um den bösen Zauberer fernzuhalten.

Auf diese Weise vergingen die Jahre. Er wuchs heran zu einem jungen Burschen, lernte das Handwerk seines Vaters und vergaß nach und nach alles über den Storch. Nur die Sache mit dem Festmahl, um den Zauberer fernzuhalten, die vergaß er nicht.

Eines Tages, als er alleine zu Hause war, zog wieder ein schweres Gewitter auf. Sorgenvollen Blickes beobachtete er, wie die grauen Wolken am Himmel immer schwerer wurden, bis es beinahe dunkel war. Der Wind pfiff laut um Haus und Werkstatt und er bekam großen Hunger. Deshalb nahm er seinen Mantel und ging in das Wirtshaus der Stadt.

Er bestellte zu Essen und zu Trinken für alle und rief: "Das ist ein rechtes Wetter, um es sich gut gehen zu lassen! Also esst und trinkt und seid meine Gäste!"

Das ließen sich die Leute nicht zweimal sagen. Sie bestellten Krüge voll Wein und Teller mit Speisen, dass sich die Tische bogen. Sie lachten und klopften dem Sohn des Schmieds auf die Schulter und lobten ihn ob seiner Großzügigkeit. Die Wirtin rieb sich die Hände und freute sich über das gute Geschäft, das sie an diesem Tage dank des Unwetters machte.

Am nächsten Morgen klopfte es schon sehr früh an der Tür der Schmiede. Als er öffnete, stand die älteste Wirtstochter davor.

„Meine Mutter schickt die Rechnung!", sprach sie. „Sie will, dass du mir die Münzen gleich mitgibst. Du musst wissen, es waren Diebe in der Stadt und sie meint, dass es da besser ist, wenn die Taler gleich dort sind, wo sie hingehören."

Die Summe war weit mehr, als der Sohn des Schmieds gedacht hatte und es wurde ihm bange, weil er nicht wusste, woher er das Geld nehmen sollte. Wie konnte er das seinem Vater erklären? Je mehr er darüber sinnierte, umso banger wurde ihm. Niemals konnte er seinem so hart arbeitenden Vater wieder unter die Augen treten! Die Schande war zu groß.

Er musste etwas tun! Er packte je drei seiner wichtigsten Schmiedewerkzeuge in seinen Beutel, steckte ein Brot ein, nahm seinen warmen Umhang und zog die Tür zur Schmiede hinter sich zu. Er wusste nicht, wohin er gehen sollte, so lief er einfach der Nase nach, immer geradeaus, fort von der Stadt.

Er wanderte viele Tage und Nächte und gönnte sich kaum Ruhe. Doch so schnell oder weit er auch davonlief, er konnte die Schande nicht abschütteln.

Völlig erschöpft kam er eines Tages nach Erklimmen eines hohen Berges an ein stattliches, einsames Haus, umzäunt von großen Bäumen und hohen Hecken, so dass man fast nicht hineinsehen konnte. Dort bat er um Unterschlupf.

Man wies ihm einen Platz im Stall, wo er eine Nacht bleiben durfte. Er legte sich ins Stroh und schlief sogleich tief und fest ein.

Kurz nach Mitternacht erwachte er von lautem Heulen des Windes, grollenden Donnern und grellen Blitzen. Ihn überfiel sofort großer Hunger. Sein Magen knurrte so laut, dass ein Pferd im hinteren Eck der Scheune die Ohren spitze und unruhig mit den Hufen zu scharren begann.

Er zog sein Brot aus dem Beutel und wollte gerade hineinbeißen, als sein Blick auf die Hufe des Tieres fiel: Es trug vier feuerrote Hufeisen! Die Eisen, die sein Vater einst gefertigt und niemals seinen Lohn dafür erhalten hatte!

Vor Schreck ließ er das Brot fallen, denn da verstand er, dass er im Haus des bösen Zauberers war.

Abermals scharrte das Pferd mit den Hufen.

Der junge Bursche griff ein paar Äpfel aus seiner Tasche, die er auf seinem Weg von einem Baum gepflückt hatte und gab sie dem Pferd. Dann zog er kurzerhand sein Werkzeug heraus und begann, dem Tier die roten Hufeisen abzunehmen. Er kannte die Handgriffe im Schlaf, aber immer wieder zwickte ihn sein Bauch und er musste sich krümmen und in seiner Arbeit innehalten.

Kaum hatte er das erste leuchtend rote Hufeisen gelöst, zerfiel es zu Rost und bröselte wie feiner Sand auf den Boden. Das Zweite tat es dem Ersten gleich. Das Dritte und das Letzte jedoch behielten die Form. So steckte er diese in seine Tasche.

Nun wollte er aber aus diesem schrecklichen Haus des Zauberers fliehen! Als er jedoch durch die Stalltür nach draußen schlich, vernahm er das Klappern eines Storches hoch über seinem Haupt und er erblickte hunderte von Störchen, die dort mit Ketten an einer Stange entlang der Dachkante gefangen gehalten wurden und ihn traurig anschauten.

Der Anblick rührte ihn so sehr, dass er kurz entschlossen auf das Dach kletterte und mit seiner Schmiedezange die Ketten der Vögel durchzwickte. Einer nach dem anderen schwang seine großen Flügel und erhob sich in die Lüfte. Er blickte ihnen lächelnd hinterher.

Aber nun war es höchste Zeit von diesem schrecklichen Haus des Zauberers endlich zu fliehen!

Doch die Leiter, mit der er auf das Dach gestiegen war, war weggerutscht und er konnte nicht mehr hinabsteigen und das Haus war viel zu hoch, um zu springen. Da war guter Rat teuer!

Wenn der Zauberer erwachte und ihn am Morgen auf dem Dach entdecken würde, war er verloren! Er wollte nicht verzagen, aber er musste sich eingestehen, dass seine Lage aussichtslos war. Er würde seinen Vater nie mehr wiedersehen und hatte ihn mit Schande zurückgelassen! Da liefen wahre Tränen über seine Wangen und sie wollten nicht mehr aufhören zu rinnen, bis das ganze Dach benässt war wie von Regen.

Er schluchzte so heftig, dass er gar nicht bemerkte, wie Schnäbel ihn vorsichtig am Rock zupften. Als er aufblickte, war er umringt von

Störchen, die jeder einen Zipfel seiner Kleidung zwischen den Schnabel nahmen und ihn langsam und mit flatternden Flügelschlägen in die Lüfte hoben.

Sie trugen ihn hinweg über die Schlucht in die blaue Nacht. Sie flogen weiter durch die stillen Lüfte der Dunkelheit, immer fort. Der junge Bursche glaubte zu träumen, so sachte schwebte er dahin, umgeben vom sanften Schlag zahlloser Schwingen und ihm war beinahe, als konnte er selbst fliegen wie ein Vogel.

Die Störche schlugen kräftig mit ihren Flügeln und um es ihnen leichter zu machen, griff der junge Bursche in seine Tasche. Er ließ das dritte Hufeisen, das schwer wie Blei war, hinabfallen. Schon flatterten die Störche mit großer Leichtigkeit und er wollte nun auch das Gewicht des letzten Eisens loswerden. Als er aber dieses Hufeisen aus dem Beutel zog, blendete ihn pures Gold.

Da lachte er vor Freude aus ganzem Herzen. Nun konnte er seinem Vater mehr als das Geld ersetzen, das er der Wirtin schuldete!

Erst als die Sonne am Horizont langsam wieder aufging, erblickte er in der Ferne seine Heimatstadt und das vertraute Königsschloss auf dem Berg mit den wohlbekannten Wimpeln auf den Zinnen.

Vor dem Haus des Schmieds legten die Vögel ihn ab ins Gras und flogen davon. Er rappelte sich auf und winkte ihnen nach.

Der Schmied, der sich große Sorgen um seinen Sohn gemacht hatte, kam aus dem Haus gelaufen und Vater und Sohn fielen sich überglücklich in die Arme.

Der Vater machte große Augen, als er erfuhr, wie mutig sein Sohn dem bösen Zauberer die roten Hufeisen entrissen hatte. Von diesem Tag an feierten sie keine Festgelage mehr, um diesen bei Gewitter fernzuhalten. Und der junge Bursche weinte, wenn er traurig war und lachte, wenn er sich freute und war zornig, wenn er Ärger spürte.

Mit dem Gold des vierten Hufeisens war nicht nur die Zeche der Wirtin beglichen, sondern sie hatten vom Rest des Erlöses ihr gutes Auskommen für viele weitere Tage.

In diesem Sommer kamen viele Störche in die Stadt und auf die Dächer und Schornsteine der Dörfer. Auf jedem Kamin fand man ein Nest und das Klappern ihrer Schnäbel war weithin zu hören.

Die Leute in der Stadt aber, die beobachtet hatten, wie der Sohn des Schmieds heimgekommen war, erzählten nun selbst, dass der Sohn des Schmieds von den Störchen gebracht worden war. Sie erzählten es jedem, der es hören wollte. Und auch jenen, die es nicht hören wollten.

Immer wieder.

Der Kurier des Königs

Es war einmal ein junger Bursche, der als Sohn des Küchenmeisters am Hofe des Königs aufwuchs. Sein Vater lehrte ihn die Kunst der Speisenzubereitung, aber der Junge wollte davon nichts wissen. Sobald er die Gelegenheit fand, rannte er hinaus auf die Wiesen vor dem Schloss.

Er war sehr flink und machte sich einen Spaß daraus mit anderen Kindern um die Wette zu laufen. Keines war ihm gewachsen, bis auf ein Mädchen, die Tochter des Stallmeisters. Wann immer sie an einem Wettrennen teilnahm, liefen sie Kopf an Kopf durchs Ziel. Das ärgerte ihn sehr.

Eines Tages suchte das Königspaar einen Kurier für ihre Dienste. Der Kurier sollte schnell und ihnen treu ergeben sein. Sie hatten von den beiden geschickten Läufern an ihrem Hof gehört und da sie sich nicht zwischen dem Burschen und dem Mädchen entscheiden konnten, machten sie kurzerhand beide zu vertrauten Boten.

Sie konnten von nun an die Pferde der Kuriere nutzen, welche in Tagesetappen in königlichen Ställen im ganzen Land verteilt waren. Auf diese Weise fand ein Bote des Königs stets ein ausgeruhtes Tier vor und konnte immer seine Reise fortsetzen, indem er das Pferd wechselte.

Der Bursche war sehr stolz über diese Aufgabe und strebte danach aller Welt zu beweisen, dass er der bessere Kurier war. Er ergriff jede Gelegenheit, die sich bot und gönnte sich niemals Ruhe. Aber das Königspaar vertraute einmal ihm, ein andermal ihr eine eilige und wichtige Aufgabe an. Sie galoppierten bei Wind und Wetter von einem Ende des Königreichs zum anderen. Alle Menschen im Lande blickten bewundernd hinter ihnen her, wann immer sie in ihrer schicken Uniform der Königsboten an ihnen vorübersausten.

Eines Tages rief sie das Königspaar für einen besonders wichtigen Auftrag in den Thronsaal.

„Es ist an der Zeit, die Heirat des Prinzen vorzubereiten," sprachen sie. „Die Sache ist streng geheim, noch darf niemand davon erfahren. Reitet also in alle Königreiche und bringt uns ein kleines Gemälde aller Personen, die etwas Besonderes auszeichnet. Es darf keine herkömmliche Wahl sein. Reitet also schnell und strengt euch an!"

Die beiden jungen Kuriere verneigten sich tief und eilten sofort jeder zu seinem Pferd. Einen solch ehrenvollen Auftrag hatte man ihnen noch nie übertragen! Und ohne sich zu besprechen, galoppierte er in eine Richtung und sie in die andere davon.

Er war erst wenige Stunden geritten, als er in der Ferne am Wegesrand eine Gestalt bemerkte. Als er näherkam, erkannte er ein kleines Kind, das dort stillsaß. Er hielt sein Pferd an und blickte hinab zu dem Kind, das ihn mit großen Augen ansah. Er richtete sich im Sattel auf und schaute in alle Richtungen, ob er nicht einen Menschen entdeckte, der zu diesem Kinde gehören mochte. Aber es schien ganz allein hier zu sitzen.

Die Sache verwunderte ihn, aber es eilte ihn zu sehr, als dass er sich darum Gedanken machen wollte. Er griff einen Apfel aus seinem Beutel und warf ihn dem Kind zu.

„Geh nach Hause zu deiner Mutter!", sagte er. „Du wirst krank werden, wenn du hier alleine sitzen bleibst."

Und damit gab er seinem Pferd die Sporen. Er musste viele Königreiche aufsuchen und er hatte keine Zeit, sich ablenken zu lassen.

Es gingen viele Wochen und Monate ins Land. Er zog von Land zu Land und in jedem nahm er Bilder von Personen mit, die etwas Besonderes aufweisen. Das war eine schwierige Aufgabe, denn das

Königspaar hatte ihnen nicht verraten, welche Besonderheit sie suchten. Und es gab viele davon in der Welt: Ausgesprochene Klugheit, herausstechende Schönheit, unglückliche Entstellungen, ausgewiesene Begabungen oder traurige Geschicke. Die Liste seiner Entdeckungen wurde länger und länger, bis er gar nicht mehr wusste, wonach er suchen sollte.

Also ritt er noch schneller in das nächste Land, um mehr Bilder zu sammeln. Und je mehr Bilder er sammelte, umso mehr grämte er sich, weil er nicht schnell genug zurück ins Schloss reiten konnte.

Bald musste er ein Bild entfernen, um Platz für ein neues zu schaffen. Jedes Mal saß er dann lange vor seiner Sammlung und haderte, welches davon zu entfernen sei. So viel er auch einsammelte, so weit er auch reiste, so schnell er auch ritt, nie schien es ihm, dass er seine Aufgabe erfüllt hätte.

Es wurde dreimal Herbst und die Blätter fielen von den Bäumen. Es wurde dreimal Winter und die Wege waren eisig und bedeckt mit Schnee. Es wurde dreimal Frühling und erste Blumen sprießten am Wegesrand. Als es das dritte Mal Sommer wurde, machte sich er sich endlich auf den Rückweg, die Satteltaschen beladen mit Bildern und sein Herz schwer vor Verwirrung.

Als er den bekannten Weg am Waldesrand entlang ritt, glaubte er seinen Augen nicht zu trauen, denn wieder sah er das kleine Kind an genau derselben Stelle sitzen!

Er hielt sein Pferd an, wie beim ersten Mal. Das Kind blickte ihn abermals mit großen Augen an.

„Wieso sitzt du hier noch immer?", fragte der junge Kurier.

Aber das Kind antwortete nicht.

Er griff in seine Tasche und zog eine kleine Süßigkeit heraus, die er aus einem der fernen Länder mitgebracht hatte. Er brach ein Stück davon ab und reichte es dem Kind.

„Geh nach Hause zu deinem Vater!", sagte er. „Du kannst hier nicht sitzen bleiben. Das ist gefährlich."

Und damit gab er seinem Pferd die Sporen. Er musste seine Ladung schnell zum Königspaar bringen. Diese warteten nun schon sehr lange auf seine Rückkehr. Er durfte sich nicht ablenken lassen.

Als er aber in den Hof des Königsschlosses sprengte, stand da das Pferd der Kurierin bereits ausgeruht im Stall. Und als er zum Thronsaal eilte, um seinen Beutel mit den Bildern abzuliefern, fand er das Königspaar bereits in der Betrachtung einer Reihe von kleinen Gemälden, die zu ihren Füßen ausgelegt waren.

Das Königspaar gab ihm zum Dank einen goldenen Taler mit dem Zeichen der Krone. Aber der Taler war ihm keine Freude, denn er grämte sich, dass die Kurierin ihm zuvorgekommen war.

Brummend ging er zu seinem Pferd, schwang sich in den Sattel und sprengte derart zum Schlosstor hinaus, dass alle Hühner, Gänse, Katzen und Hunde des Schlosses gackernd, bellend und fauchend auf alle Seiten davonstoben. Es war ein rechtes Spektakel. Alle Dienstboten eilten an die Fenster und Türen, um zu sehen, was diesen Lärm auf dem Schlosshof verursachte und schüttelten den Kopf.

Er jagte über die Felder und Wiesen und erst am Waldesrand angekommen blickte er das erste Mal zurück. Er hielt sein Pferd an und späte in die Ferne. Aber er konnte nichts Bekanntes mehr erkennen. Es war kein Mensch weit und breit zu sehen. Auch schien die Landschaft um ihn herum fremd wie nie.

Er lenkte sein Pferd ein Stück des Weges zurück, aber je weiter er ritt, umso ungewohnter wurde die Umgebung. Er trabte den Weg in die andere Richtung, jedoch kein vertrauter Anblick weit und breit! Er blickte nach rechts und nach links, drehte sich nach vorne und nach hinten, aber nichts erschien ihm mehr bekannt.

Wie konnte das geschehen? Er war ein erfahrener Kurier und nun hatte er seinen Weg verloren! Er trieb sein Pferd an, so schnell es laufen konnte, zurück in die Richtung, aus der er gekommen war. Aber es half nichts.

Als er das Tier wieder langsamer gehen ließ, weil es schon müde geworden war, fand er sich noch immer in völlig unbekanntem Gebiet.

Und genau in diesem Augenblick erblickte er wieder das kleine Kind am Wegesrand. In dieser unheimlich fremden Umgebung schien ihm das Kind als das einzig Vertraute, deshalb stieg er von seinem Pferd und ging auf es zu.

Das Kind ergriff seine Hand und zog ihn in das Gebüsch.

Er ließ es geschehen und dachte bei sich, dass es wohl doch ein Zuhause in der Nähe hätte und dass seine Eltern ihm so den Weg zurück weisen konnten. Das Kind blieb auf einer Lichtung stehen und zeigte auf ein kleines, zerfallenes Haus mit schiefen Wänden und zugigen Fenstern.

„Kannst du mir das reparieren?", fragte es den Kurier und sah ihn erwartungsvoll an.

„Du kannst ja sprechen! Wieso hast du mir niemals geantwortet?", fragte der junge Mann.

„Ich habe immer mit dir gesprochen. Du konntest mich nur nicht hören", sagte das Kind. „Wirst du mir mein Haus reparieren?"

Der Kurier ging näher an das baufällige Gebilde. Mit ein wenig Arbeit konnte man daraus ein sicheres Zuhause machen, dachte er bei sich.

„Dort ist Holz", sprach das Kind und zeigte auf einem Haufen gefällter Baumstämme.

„Und hier ist eine Säge", es zeigte auf das Werkzeug neben dem Holzstapel.

„Und hier ist ein Hobel", sagte es und reichte ihm das Gerät.

Der Kurier nahm das Werkzeug, zögerte einen Moment über diese merkwürdige Bitte, begann dann aber doch zu arbeiten. Er dachte, dass er dem Kind ruhig ein wenig helfen konnte. Vielleicht würde seine Konkurrentin, die Kurierin, des Weges kommen und dann konnte er ihr heimlich folgen, ohne sich die Blöße geben zu müssen, dass er den Weg verloren hatte.

Binnen kürzester Zeit hatte er mehrere Bretter gesägt und seine Uniform über einen Baum gehangen, weil ihm warm geworden war. Das Kind hüpfte freudig um ihn herum und zeigte ihm genau, wo welches Brett angebracht werden sollte. Er befestigte erst eins, dann zwei, dann drei Bretter, bis eine Seite des Hauses bereits wie neu war.

Als er hungrig wurde, holte er seinen Beutel und teilte sein Essen mit dem Kind. Sie saßen auf einem der Baumstämme und verzehrten schweigend, was er mitgebracht hatte. Und er dachte: Noch nie hatte seine Wegzehrung köstlicher geschmeckt!

Als sie fertig waren, streckte sich das Kind ins Gras in die Sonne.

„Wir wollen uns ein wenig ausruhen", sagte es und reichte ihm die Hand, damit er sich danebenlegte. Und er dachte: Noch nie hatte er die Wärme der Sonne so wohlig empfunden!

Nachdem sie ausgeruht hatten, machte er sich wieder ans Werk und als es dunkel wurde, war das kleine Haus fertig. Das Kind stand mit leuchtenden Augen davor und sagte:

„Es ist sehr schön geworden! Ich habe noch nie ein so schönes Haus gesehen! Ich schenke dir als Dank diese Rose hier!"

Der Kurier nahm die Rose mit der zarten Knospe entgegen und stach sich in den Finger.

Das Kind lachte.

„Du musst diese Rose dem rechten Menschen schenken, sonst blüht sie nur drei Tage. Und wenn sie stirbt, wird mein Haus wieder einfallen. Wirst du dafür Sorge tragen?"

„Woher weiß ich, wer der rechte Mensch ist?", fragte der Kurier.

„Das kann ich dir nicht sagen. Das kannst nur du selbst herausfinden", antwortete das Kind. „Wirst du dafür Sorge tragen?"

Das Kind blickte ihn so lange an, bis er endlich nickte und sprach: "Gut, ich verspreche es dir!"

Dann kroch es in sein Haus und sagte: "Ich will nun in meinem Haus schlafen. Du bist zu groß dafür, du passt nicht hinein. Aber du kannst vor der Tür auf dem Moos hier dein Nachtlager einrichten. Ich wünsche dir eine gute Nacht!"

Der junge Mann legte sich mit seiner Pferdedecke auf dem Moos zur Ruhe.

Am nächsten Morgen kitzelte die Sonne seine Nase. Er streckte sich und gähnte. Und er dachte: Noch nie hatte er so gut geschlafen wie in dieser Nacht!

Er sprang auf die Beine und rollte seine Decke zusammen. Es war noch ganz still. Leise klopfte er an die Tür des Hauses, um das Kind zu wecken. Aber es hörte nicht.

Er klopfte ein wenig fester ein zweites Mal. Noch immer nichts. Als er das dritte Mal klopfte, verschwand das Haus vor seinen Augen. Er fasste an die Stelle, wo gerade noch das Holz der Wand war, aber seine Hand griff ins Leere.

Er rieb sich die Augen, schloss sie und öffnete sie wieder. Das kleine Haus mit dem Kind blieb verschwunden. Nur die knospende Rose lag noch da.

Er wickelte sie vorsichtig in ein feuchtes Tuch und steckte den Stil in eine der Ledertaschen, so dass die Knospe wippend daraus hervor spitzte.

Als er sich auf sein Pferd schwang, konnte er am Horizont die Zinnen des Königsschlosses erblicken. Er wunderte sich und er grübelte: Warum hatte er diese am Tag zuvor nicht sehen können?

Nur langsam ließ er sein Pferd in die Richtung der aufgehenden Sonne schreiten, denn er war sehr nachdenklich.

Als er durch das Schlosstor ritt, kam ihm die Kurierin auf ihrem Pferd entgegen.

„Welch eine wunderschöne Rose!", rief sie entzückt und hielt ihr Pferd an.

Er blickte hinab und sah, dass die Knospe aufgegangen war und in voller Blüte stand. Ein wunderbarer Duft ging von ihr aus und stieg ihm in die Nase. Aber er ritt an dem Mädchen auf dem Pferd vorbei und sagte nur: „Ich muss die Rose sofort ins Wasser stellen!"

Das tat er und band einen kleinen Trinkbeutel mit der Rose darin an seinen Gürtel.

Am nächsten Tag begegnete ihm die Kurierin wieder auf dem Schlosshof. Abermals rief sie entzückt aus: "Welch wunderbarer Duft!"

Und wieder antwortete er: „Ich muss der Rose frisches Wasser geben!" und lief an dem Mädchen vorbei. Am Abend dieses Tages verlor die Rose ein Blatt.

Am dritten Tag brachte ihm die Kurierin einen Krug frischen Wassers und sprach: „Das ist für deine Rose, damit sie noch recht lange blühe!"

Aber er ging wieder an dem Mädchen vorüber und sagte: "Ich habe das Wasser bereits gewechselt." Am Abend des dritten Tages verlor die Rose alle Blätter und er entsann sich der Worte des Kindes. Da ging er schnell zum Königspaar und reichte ihnen die Rose.

Er sprach: „Schon seit drei Tagen trage ich sie am Gürtel! Aber sie ist noch nicht gestorben."

Jedoch die Königin wunderte sich: „Warum schenkst du uns eine Rose, die bereits traurige Blüten trägt?"

Und in der Tat sah er, wie die Blüte zu welken begann. Da begriff er, dass er die Rose nur retten konnte, wenn er sie der Kurierin schenkte, die Einzige, die ihre Schönheit gesehen, ihren Duft gerochen hatte.

„Sie ist mit einer Botschaft in einer fernen Stadt im Osten unseres Reiches", sprach die Königin. „Wenn du ihr entgegen reitest, solltest du sie noch heute finden."

Sogleich machte er sich auf den Weg und ritt schneller, als er je in seinem Leben geritten war. Die Rose hielt er sorgsam behütet in seiner Weste verborgen. Bei jedem Galopp stach sie ihn schmerzhaft in die Brust und egal, wie er sie bettete, ihre Dornen bohrten sich immer in sein Fleisch.

Die Sonne verschwand schon hinter den Bäumen, als er endlich eine Gestalt zu Pferde am Ende der Straße erblickte. Als sie sich näherten, erkannte auch sie ihn und winkte ihm entgegen.

Ihre Pferde trafen sich und er hielt ihr die Rose hin. Als das Mädchen die Rose berührte, erhob sich die Blüte und Wurzeln wuchsen aus dem Stängel und schlangen sich um ihre und seine Hand und es war unmöglich, diese wieder zu trennen.

Da wussten sie beide, dass sie füreinander geschaffen waren und sie beschlossen, diese frohe Botschaft allen am Königshofe sofort mitzuteilen. Sie tauschten ihre Pferde, damit keiner mehr schneller sein mochte als der andere und sie versprachen sich, dies von nun an jeden Tag zu tun. Seite an Seite ritten sie zurück zum Schloss und verkündeten ihre Hochzeit.

Von diesem Tag an teilten sie sich die Botenritte. Einmal ritt er in die Ferne und ein andermal sie. Und manchmal ritten sie zusammen. Doch niemals ritten sie je wieder schneller als der andere.

Die Rose aber pflanzten sie vor ihr Haus und es wuchs daraus ein herrlicher Busch, der fast die ganze Mauer mit Blüten überdeckte.

Drei Perlen

Lange Zeit, bevor die Menschen den Honig der Bienen als süßes Speisemittel entdeckt hatten, gab es einst inmitten eines großen Königreiches einen alten Apfelbaum. Der Baum zählte bereits so viele Jahre, dass seine Äste hoch in den Himmel ragten und der Stamm so mächtig war, dass drei Männer sich an der Hand fassen mussten, um ihn zu umringen.

Eines Tages kaufte ein Bauer das Land, auf welchem der Baum stand. Da der Baum kaum noch Früchte trug, beschloss er, ihn zu fällen. Er wollte auf diesem Feld Korn sähen.

Der Bauer wusste aber nicht, dass der Stamm des Baumes beinahe hohl war. Dieser Hohlraum war seit langem der sichere Unterschlupf für eine Bienenkönigin, die darin mit ihrem Volk ein großes Bienenkönigreich errichtet hatte. Von dort flogen die Bienen tagtäglich aus, um Blütenstaub von allen Apfelbäumen im Königreich der Menschen zu sammeln. Daraus machten sie Honig.

Als der Bauer den Baum mit kräftigen Hieben zu Fall brachte, wurde das ganze Bienenhaus erschüttert und zerbrach in tausend kleine Teile. Verstört stoben die Bienen nach draußen, um zu sehen, was die Ursache dieses Erdbebens war und als sie den Bauern entdeckten, flogen sie alle gemeinsam einen Angriff auf ihn, um ihn zu stechen und damit zu vertreiben.

Der Bauer ließ erschrocken seine Axt fallen und rannte schreiend weg. Er rieb sich mit den Händen seinen Popo, weil bereits viele Bienen dort zugestochen hatten und rief: „Au! Au! Au!"

Er flüchtete sich in einen nahen Bach, tauchte ganz im Wasser unter und steckte den Kopf erst wieder heraus, als alle Bienen endlich weggeflogen waren.

Die Bienenkönigin besah sich ihr zerstörtes Königreich und war sehr wütend. Sie sprach zu ihrem Volk:

„Nun haben wir kein Zuhause mehr. Deshalb muss jede Biene alleine irgendwo einen Unterschlupf finden, bis wir wieder ein neues Bienenhaus gebaut haben. Nehmt euch in Acht vor den Menschen! Sie sind böse. Sie achten unsere Arbeit nicht und wissen den Wert unseres Daseins nicht zu schätzen. Deshalb müsst ihr sie von nun an stechen. Und sammelt mir keinen Blütenstaub mehr, bevor wir nicht ein neues Königreich erbaut haben!"

So kam es, dass in diesem Sommer alle Menschen von Bienen gestochen wurden, sobald sie deren Weg kreuzten. Die Kinder hatten Angst, draußen zu spielen und die Bauern konnten kaum ihre Felder bestellen, schon wurden sie von Bienen gejagt. Sogar in der Stadt konnte man kein Fenster mehr geöffnet lassen, ohne von den Insekten geplagt zu werden. Das Leben der Menschen war mühsam geworden.

Aber es sollte noch schlimmer kommen. Als es Herbst wurde und die Erntezeit begann, gab es im ganzen Königreich keinen einzigen Apfel zu pflücken. Die Menschen standen vor den fruchtlosen Bäumen, kratzen sich am Kopf und wunderten sich.

Sie rätselten, was die Ursache der Probleme sein konnte. Einige mutmaßten, dass es das Werk böser Hexen sei und andere glaubten gar, dass fremde Räuber aus einem fernen Königreich böse Bienen eingeschleppt und alle Äpfel des Landes gestohlen hatten. Sie begannen sich zu fürchten, weil sie glaubten, dass ungute Geister dieses Übel über sie gebracht hatten.

Aber niemand wusste einen Rat. Der König sandte seine besten Leute aus, um dem Rätsel auf die Spur zu kommen. Aber der Winter kam und die Menschen im Lande hatten kein Obst, um davon in der kalten Jahreszeit zu essen.

Der Bauer, der den Baum gefällt hatte, lag im Bett und ließ sich nur mühsam gesund pflegen. Denn ihn hatten die Bienen besonders gestochen, mehr als jeden anderen. Sobald er die Nase aus dem Haus gesteckt hatte, waren große Schwärme der Insekten auf ihn niedergestürmt. Er war noch immer völlig zerstochen und hatte ein so dickes Gesicht, dass selbst seine Frau ihn nicht mehr erkannte. Deshalb schickte er seinen jüngsten Sohn hinaus, um die Wurzeln des Baumes aus der Erde zu graben und das Feld für das Frühjahr vorzubereiten.

Als der Bauernsohn anfing, das Wurzelwerk auszugraben, erblickte er eine einzelne Biene, die müde im Inneren der Rinde saß. Es war eine alte Biene, die zurückgeblieben war, weil sie nicht mehr fliegen konnte. Behutsam nahm er sie in seine Hand und setzte sie am Rand des Feldes in einer geschützten Zone ab. Zu seiner großen Verwunderung hörte er die Biene sagen:

„Fürchte dich nicht! Ich bin alt und ich kann dich nicht mehr stechen. Alle anderen sind fortgeflogen. Unsere Königin ist sehr wütend, weil ihr unser Haus zerstört habt. Es wird keine Äpfel mehr geben, so lange ihr Menschen nicht Frieden mit unserem Volk schließt!"

„Das ist also der Grund für diese Misere!", rief der Bauernsohn. Dann zuckte er die Achseln: „Aber was kann ich schon tun, um das zu ändern? Ich bin nur ein einfacher Bauernsohn."

„Finde die Muschel mit den drei Perlen und bringe sie dem Grafen Consape von Volezza[1]. Er kann als Einziger die Botschaft der Perlen lesen, die dir die Lösung verraten!"

„Wer ist dieser Graf? Ich habe noch nie von ihm gehört! Und wo finde ich diese Muschel?", fragte der Bursche.

„So viel kann ich dir verraten: Kaum jemand hat den Grafen je gesehen! Er ist der noble Geist des Königsschlosses. Wo du die Muschel findest, kann ich dir nicht sagen. Aber warte nicht zu lange. Die Zeit drängt!"

Und damit kroch die alte Biene hinter ein Stück Holz, das im Graben lag und legte sich schlafen.

Der Bauernsohn machte sich sofort auf den Weg. Er kannte einen Fischer, der einen Tagesmarsch entfernt am Rande des Meeres lebte. Der wusste viel über Fische und Muscheln und das Meer, und ihn wollte er um Rat fragen.

---

[1] Ital: consapevolezza = Bewusstsein

„Du kannst gerne bei mir arbeiten und jeden Tag mit mir hinausfahren auf das Meer, um Fische und Muscheln zu fangen. Vielleicht findest du, was du suchst?", sagte der Fischer.

Also fuhr er von diesem Tag an jeden Morgen zu früher Stunde mit dem Fischer hinaus und verkaufte später am Tag gemeinsam mit ihm den Fang im Hafen. Er prüfte jede Muschel, bevor er sie verkaufte, ob nicht drei Perlen in einer zu finden wären. Es vergingen Tage, es vergingen Wochen, aber keine einzige Perle ward je gesichtet.

Doch der Bauernsohn war ausdauernd und gab nicht auf.

Eines Tages kam ein armer Mann in alten Lumpen zum Hafen. Er fragte nach Fischresten, um für sich und seine Familie eine einfache Suppe zu kochen. Der Fischer schickte ihn weg: „Ich verkaufe nur gute Fische! Wir haben keine Reste!"

Der Bauernsohn aber hatte ein gutes Herz und schenkte dem Mann seinen Fisch, den er zu Abend hatte essen wollen.

„Ich habe kein Geld, um den Fisch zu bezahlen", sagte der arme Mann. „Aber ich will dir diese Muschel schenken. Sie öffnet sich nur dem, der ein reines Herz hat."

Und als der Mann ihm die Muschel reichte und dieser sie in Händen hielt, öffnete sie sich ganz langsam.

„Die Muschel mit den drei Perlen!", rief der Bauernsohn überrascht und wollte dem Mann überschwänglich danken. Aber als er aufblickte, war dieser verschwunden.

Er packte die Muschel sorgfältig in seine Tasche, verabschiedete sich von seinem Freund dem Fischer und machte sich sofort auf den Weg zum Königsschloss, wo er den Grafen von Volezza suchen wollte.

Nach drei Tagen Wanderschaft erreichte er endlich das Schloss. Er fragte sogleich beim Schlossverwalter, ob er nicht Arbeit für ihn hätte. Auf diese Weise würde er sich im Schloss frei bewegen können und nach dem Grafen suchen. Aber der Verwalter schüttelte den Kopf. Alle Positionen im Schlossbetrieb waren bereits vergeben.

„Du kannst es morgen in der Stadt versuchen. Vielleicht findest du dort Arbeit? Heute Nacht kannst du derweilen im Pferdestall schlafen."

Der Bauernsohn bedankte sich und bereitete sein Lager für die Nacht im Stroh des Pferdestalles. Er wollte am nächsten Tag beim Königspaar vorsprechen und direkt nach dem Grafen fragen. Er war so müde von seiner Wanderung, dass er bald fest schlief und in einen tiefen Traum verfiel.

„Ich höre, du bist gekommen, um mich zu sehen?", sagte eine Stimme. Ein kleiner Mann stand vor ihm, klopfte sich ein wenig Stroh von den eleganten Kleidern und hob hoheitsvoll den Kopf. Er war sehr blass, beinahe durchsichtig, hatte aber ein freundliches Gesicht.

„Ich suche den Grafen Consape von Volezza!", sprach der Bauernsohn.

„Er steht vor dir. Ich höchst persönlich bin der Schlossgeist, den du suchst", antwortete der kleine Mann. „Die alte Biene hat mir bereits berichtet, dass du kommen würdest. Hast du die Muschel gefunden?"

Der Bauernsohn hielt die geöffnete Muschel mit den drei Perlen dem Geist hin. Dieser ergriff sie und betrachtete die Perlen von allen Seiten.

„In der Tat! Das sind sie", murmelte er mehr zu sich selbst, als zu dem jungen Mann. „Es ist schon sehr lange her, dass ich sie das letzte Mal gesehen habe."

Er ergriff die erste Perle und rieb sie zwischen seinen Fingern. Feiner Sand rieselte auf den Boden, wo sich zunächst ein kleiner Haufen ansammelte, der sich dann auf erstaunliche Weise zu einem Stück festes, fein gehobeltes Holz verwandelte.

Der Graf blickte auf das Stück Holz zu seinen Füßen und nickte zufrieden. Dann ergriff er die zweite Perle, rieb sie wieder zwischen den Fingern. Diesmal formte der Sand eine Papierrolle, auf welcher in großen Lettern geschrieben stand: „Aufruf des Königs!"

Wieder nickte der Graf zufrieden. Als er die dritte Perle zerrieb, löste sich der Sand in Luft auf, sobald er den Boden berührte. Kaum war das letzte Sandkorn verschwunden, wurde der kleine Mann wieder unsichtbar.

Am nächsten Morgen krähte der Hahn, schon bevor die Sonne aufgegangen war. Der Bauernsohn rieb sich die Augen. Welch seltsamer Traum das gewesen war, dachte er.

Aber als er nach der Muschel greifen wollte, war diese verschwunden. Stattdessen erblickte er ein kleines Stück Holz und eine Papierrolle auf dem Boden vor sich.

Grübelnd betrachtete er die zwei Objekte in seiner Hand. Er konnte sich daraus keinen Reim machen. Wo waren die drei Perlen hin verschwunden? Und was mochte das Stück Holz bedeuten? Dann entdeckte er, was auf der Schriftrolle geschrieben war und las laut vor sich in: „Aufruf des Königs."

„Was tust du da?", fragte plötzlich eine Stimme hinter ihm.

Erschrocken fuhr er hoch und blickte direkt in die Augen der Prinzessin. Sie war sehr früh in den Stall gekommen, weil sie noch vor dem Frühstück mit ihrem Pferd ausreiten wollte. Als sie den Bauernsohn erblickt hatte, der irgendetwas vom Stallboden aufhob und zu lesen schien, war sie neugierig hinter ihn getreten.

„Ma...Ma...Majestät!", stammelte dieser verlegen.

Er hatte die Prinzessin noch nie gesehen, nur immer von ihr reden gehört. Und nun stand sie direkt vor ihm und er wusste nicht, was er sagen sollte. In seinen Augen war sie das schönste Mädchen, das er je gesehen hatte.

„Was sind das für Sachen, die du da in den Händen hältst?", fragte die Prinzessin.

„Es ist die Lösung zu dem Problem der fehlenden Äpfel im ganzen Land!", erklärte er. „Aber ich verstehe es selbst nicht?"

Und er erzählte der Prinzessin, was ihm die alte Biene gesagt hatte und wie er sich auf die Suche nach der Muschel mit den drei Perlen gemacht hatte. Sie setzte sich neben ihn auf einen Strohballen und hörte ihm aufmerksam zu.

„Aber das ist doch offensichtlich", befand die Prinzessin am Ende der Geschichte. „Wir Menschen haben dem Bienenvolk die Sicherheit geraubt, ihr Haus! Naja, einer von uns. Aber das können die Bienen nicht unterscheiden. Sie müssen jetzt immer fürchten, dass wir ihre Häuser wieder zerstören."

„Du hast recht!", rief er beeindruckt.

„Und wir erkennen ihre Arbeit nicht als wertvoll an, weil wir Menschen gedacht haben, dass ihre Arbeit uns nicht nützt. Aber wir wissen jetzt, dass das nicht stimmt. Deshalb stechen sie uns!", fuhr die Prinzessin fort.

„Du bist wirklich schlau!", sagte der Bauernsohn bewundernd.

„Und du bist mutig!", entgegnete die Prinzessin. „Ich hätte es nicht gewagt, alleine ans Meer zu reisen und nach der Muschel zu suchen!"

„Ich weiß, was wir tun können!", rief der Bauernsohn und sprang auf. „Ich baue dem Bienenvolk ein neues Haus aus diesem Holz! Ein noch größeres und schöneres, als sie zuvor hatten!"

„Das ist eine gute Idee!", stimmte die Prinzessin zu und griff nach der Papierrolle. „Und das hier ist vielleicht eine Aufgabe für mich? Siehst du, hier steht: Aufruf des Königs."

Sie hielt dem Bauernsohn das aufgerollte Papier unter die Nase.

„Ich spreche mit meinen Eltern. Sie können im ganzen Land kundtun, dass das Bienenhaus nicht zerstört werden darf. Und im ganzen Reich werden sie ausrufen lassen, dass die Arbeit der Bienen uns Menschen die Äpfel beschert. Dann werden die Menschen verstehen und die Bienen schätzen."

Die Prinzessin erhob sich und wollte sofort zu ihren Eltern eilen. Doch der Bauernsohn hielt sie am Arm fest.

„Aber was ist mit der dritten Perle?"

Die Prinzessin dachte nach. Dann meinte sie:

„Ich weiß es nicht. Aber lass uns nicht darüber verzweifeln, wenn wir doch schon viel Gutes tun können! Wenn wir unsere Aufgaben verrichtet haben, bitten wir Graf Consape von Volezza nochmals um Hilfe."

Die Prinzessin kannte den Grafen, wunderte sich der Bursche. Aber dann dachte er, dass sie als Bewohnerin des Schlosses und als Königstochter den feinen Herrn wohl kennen musste.

Der Bauernsohn durfte in der Schlosswerkstatt arbeiten. Bereits nach drei Tagen war das neue Bienenschloss fertig und auch die Nachricht von dem Haus und der Arbeit der Bienen war im ganzen Reich ausgerufen worden. Gemeinsam mit der Prinzessin fuhr der Bursche das Haus an den nahegelegenen Waldrand. Dort stellten sie es auf.

Wenige Tage danach kam er wieder an die Stelle, um zu prüfen, ob das Bienenvolk bereits eingezogen war. Er freute sich zu sehen, dass dem so war. Nun würde sich alles zum Guten wenden!

Gerade als er frohen Herzens wieder gehen wollte, sprach eine vertraute Stimme zu ihm: „Die Königin lässt dir danken."

Die alte Biene war mühsam auf seinen linken Fuß geklettert und hatte dabei achtsam sein müssen, dass er sie nicht versehentlich zertreten hatte.

„Du hast uns unseren Selbstwert zurückgegeben", sagte die alte Biene.

„Was meinst du damit?", forschte der Bauernsohn überrascht nach.

„Nun, ich will es dir erklären", fuhr die alte Biene fort. „Du hast uns ein neues Haus gebaut. Damit hast du uns Sicherheit zurückgegeben. Du hast dafür gesorgt, dass alle Menschen im Reich um unsere Arbeit wissen und uns dafür Anerkennung schenken. Damit hast du uns unseren Selbstwert zurückgegeben."

Der Bauernbursche machte ein nachdenkliches Gesicht. Er musste über die Worte der alten Biene noch nachdenken.

„Alle Lebewesen brauchen diese drei Dinge, um zu gedeihen. Wusstest du das nicht?"

„Die dritte Perle!", rief er und schnippte mit den Fingern, weil er auf einmal den Zusammenhang verstand.

„Genau. Und du sollst dafür jedes Jahr von unserem Honig ein kleines Fass erhalten."

„Honig?", fragte der Bauernsohn schon wieder verwundert. Er kam sich dumm und unwissend vor. Dieses kleine Fluginsekt sprach ständig von Dingen, die ihm fremd waren.

„Stecke dort deinen Finger hinein und koste", ermutigte ihn die alte Biene und zeigte dem jungen Mann eine Wabe, die mit der goldensten Flüssigkeit gefüllt war, die er je gesehen hatte. Und wie köstlich das schmeckte!

„Komm nur jedes Jahr um diese Zeit wieder und wir werden dir dein Fässchen füllen!"

Der Bauernsohn war überglücklich. Nun konnte er endlich wieder nach Hause gehen.

Nur sein Vater zürnte mit ihm noch, weil er das Feld nicht bestellt hatte, wie es ihm aufgetragen gewesen war. Als dieser aber vom Honig gekostet hatte und die ganze Geschichte hörte, lenkte er doch ein und freute sich über die Heimkehr seines jüngsten Sohnes.

In diesem Jahr trugen die Bäume im ganzen Land mehr süße Äpfel als je zuvor. Und der Bauernsohn erhielt wieder ein Fässchen des goldenen Honigs. Bald sprach sich herum, dass man bei ihm ein wenig von der süßen Speise für ein paar Taler kaufen konnte.

Als die Kinder der Bienenkönigin erwachsen waren und ihr eigenes Volk gründen wollten, baute der Bauernsohn auch ihnen jedem ein Bienenschloss. Als Dank erhielt er mehr Honig, als seine Familie essen konnte. Mit dem Handel der goldenen Süße hatte er bald ein gutes Auskommen.

Und jedes Jahr schickte er der Prinzessin ein Tässchen Honig. Der Bauernsohn und die Prinzessin waren von diesem Tag an unzertrennliche Freunde. Und die Menschen in Lande behandelten seit dieser Zeit Bienen mit großem Respekt.

Und wenn heute eine Biene einen Menschen sticht, dann kann es sich nur um ein Missverständnis handeln.

Bärengold

In einem Königreich mit einem prächtigen Schloss in der Mitte des Landes, das auf einem Hügel weithin sichtbar thronte, lebte einst eine Prinzessin mit ihren drei Geschwistern. Da sie mit ihrem Bruder die älteren der Königskinder waren, wurde sie von klein auf in allem gelehrt, was eine Prinzessin wissen musste. Sie war fleißig und gehorsam und beherrschte bald die nötigen Dinge.

Jedoch, als die Prinzessin herangewachsen war zu einem jungen Mädchen, begann sie sich zu langweilen. Jeder Tag war wie der andere, erfüllt von den immer gleichen Dingen, die eine Prinzessin zu tun hatte: Morgens musste sie sich ankleiden und ihr Haar ausgiebig bürsten lassen. Dann lauschte sie den sich wiederholenden Lektionen der Hoflehrer, die seit einiger Zeit nichts Neues mehr zu unterrichten hatten. Am Nachmittag bestickte sie mit ihren Hofdamen feine Tüchlein, wovon sie schon eine ganze Sammlung besaß. Das Entkleiden und Bürsten ihres Haares erfüllte ihren Abend, bis sie zu Bette ging. So ging es Tag für Tag, Woche für Woche und Monat für Monat und sie wurde ihrem jungen Leben mit jeder verstreichenden Stunde überdrüssiger. So beschloss sie eines Tages, sich eine Aufgabe zu suchen.

Sie fragte die Gesellschafterin, ob sie nicht etwas wüsste, wobei sie helfen konnte. Die Hofdame brachte sogleich ein großes Tuch, welches zu besticken Jahre in Anspruch nehmen würde und sie sprach: „Das ist eine schöne Aufgabe für eine Prinzessin! Noch nie hat eine Hoheit ein solch großes Tuch bestickt."

Die Prinzessin machte sich an die Arbeit. Jeden Nachmittag bestickte sie nun anstelle der feinen Tüchlein das große Laken. Aber schon bald langweilte sie sich wieder, denn die Aufgabe erschien ihr nur mehr desselben. So fragte sie den Küchenmeister, ob er ihr nicht eine Aufgabe geben könnte, die neu und aufregend sein würde? Etwas, was keine Prinzessin je getan hatte? Aber der Küchenmeister schüttelte den Kopf.

„Was sollen dann die Mägde und Burschen tun, wenn eure Hoheit ihnen die Arbeit wegnimmt? Dann muss ich sie nach Hause schicken und sie haben kein Auskommen mehr. Das wäre nicht recht."

Also ging sie zum Stallmeister und fragte auch ihn. Der Stallmeister war ein kluger Mann. Um sich nicht den Zorn des Königspaares und aller Bediensteten zuzuziehen, antwortete er:

„Hier im Stall gibt es nichts zu tun. Die königlichen Pferde sind so gut trainiert, dass sie keine Arbeit mehr machen. Aber ein Ausritt jeden Tag, um Königreich und Leute kennenzulernen, scheint mir eine rechte Aufgabe für eine Prinzessin."

„Das ist eine wunderbare Idee! Das will ich tun", frohlockte die Prinzessin begeistert. Und so kam es, dass sie fortan jeden Tag ausritt und immer neue Orte aufsuchte. Man sah sie bei Wind und Wetter durch Wälder und Dörfer streifen und den Menschen im Lande zuwinken, sobald sie ihren Weg kreuzten. Die Leute winkten stets zurück, jubelten ihr zu und verbeugten sich, wenn sie vorüber kam. Sie war froh, eine würdige Aufgabe für ein Prinzessinnendasein gefunden zu haben.

So ritt sie jeden Tag, zufrieden mit sich und der Welt und dem Glauben, einer wichtigen Sache zu dienen, umher. Aber schon bald erschien ihr auch dies immer das Gleiche und sie begann sich wieder zu langweilen.

Und genau zu dieser Zeit geschah es, dass sie eines Tages an einem Fluss vorüber kam und einen jungen Mann auf einem Felsen in der Strömung stehend erblickte. Er hatte eine Angelrute in der Hand und neben sich einen Korb Fische. Er war in Not, denn am Ufer näherte sich ein großer Bär, der vom Geruch der gefangenen Fische angelockt, dem Burschen seinen Fang streitig machen wollte. Der junge Mann fuchtelte heftig mit den Armen und der Rute und rief „he" und „ho". Aber der Bär fürchtete sich nicht, sondern richtete sich bedrohlich zu voller Größe auf und überragte den jungen Mann gefährlich in seiner Mächtigkeit. Ein Schlag mit der Pranke hätte genügt, um dem Armen für immer den Garaus zu machen.

Nur sie konnte ihm jetzt noch helfen!

Die Prinzessin war kurz zuvor beim Bienenbauern vorbeigekommen und hatte ein kleines Faß Honig in der Satteltasche. Kurzerhand ritt sie an das Flussufer und stellte es in einiger Entfernung ab. Bald lockte der Duft des süßen Honigs das Tier mehr als die Fische und der Bär ließ sich wieder auf die Pfoten fallen und schaukelte auf allen Vieren zu dem Fässchen.

Während er es genüsslich schleckte, galoppierte die Prinzessin zu dem jungen Mann, nahm ihn auf ihr Pferd und entfloh mit ihm in Sicherheit zu seinem Gaul, den er in einiger Entfernung an einem Baum angebunden hatte. Er war einer der beiden Söhne des Stadthalters, ein fescher Bursche, den sie bei offiziellen Anlässen aus der Ferne heimlich bewundert hatte. Und weil er der Prinzessin für seine Rettung sehr dankbar war, versprachen sie, sich wieder am Fluss zu treffen.

So kam es, dass sie sich jeden Tag an diesem Ort trafen und schon nach kurzer Zeit hatten sie sich ineinander verliebt und feierten Hochzeit. Der junge Gemahl zog zu der Prinzessin aufs Schloss, wo sie sich gemeinsam in einem der Türme ihre Gemächer einrichteten.

Von nun an ritten sie jeden Tag zusammen zum Fluss. Er stellte sich auf seinen Felsen, um zu fischen und sie wachte am Ufer, dass ihm währenddessen kein Unglück zustoße. Am Abend ritten sie dann gemeinsam mit einem Korb voll Fische ins Schloss und brachten sie dem Küchenmeister. Die Prinzessin erinnerte sich an keine glücklicheren Tage, als diese.

Doch nach einiger Zeit wurden die Menschen im Schloss der vielen Fische überdrüssig. Jeden Tag servierte der Küchenmeister nur noch dies, denn die Fische verdarben schnell und mussten sofort verarbeitet werden. Sogar das Königspaar wurde dieser Speise überdrüssig und so sprachen sie eines Tages zu ihrer Tochter: „Es ist zu viel der Fische! Macht eine Pause."

Da beschloss der junge Gemahl, im königlichen Wald auf die Jagd zu gehen und seine Frau begleitete ihn zum Schutze. Denn in diesem Wald herrschte ein böser Drache und man musste stets auf der Hut sein, um ihm aus dem Weg zu gehen. Das war eine rechte Aufgabe nach ihrem Geschmack! So ritten sie jeden Morgen noch vor Anbruch des Tageslichtes in den Wald, um auf die Pirsch zu gehen. Die Prinzessin konnte sich an keine glücklicheren Tage erinnern, als diese.

Aber schon bald kam der Jagdmeister zu dem Königspaar und sagte: „Majestäten, das Wild wird immer weniger. Die Jagd muss für einige Zeit eingestellt werden, wenn wir den Bestand sichern wollen."

Von nun an begann der junge Gemahl seine Tage wie ein Prinz zu verbringen. Er wurde angekleidet und sein Bart ausführlich gestutzt. Dann lauschte er den Geschichten des Hofnarren, die ihm jedoch kein Ersatz für seine verlorene Erfüllung sein wollten. Am Nachmittag übte er mit den anderen jungen Männern des Schlosses das Zielen mit der Armbrust. Abends nahm dann das Entkleiden, und das Waschen seines Bartes all den Raum ein, bis er mit seiner Frau zu Bette ging.

So ging es Tag für Tag, Woche für Woche und Monat für Monat und die Prinzessin begann mit jedem verstreichenden Tag ihres Gatten überdrüssiger zu werden. Nichts, was er tat, barg eine Gefahr, vor welcher sie ihn beschützen konnte. Sie begann sich mehr zu langweilen denn je und wurde immer missmutiger. Niemand im Schloss konnte es ihr recht machen, am wenigsten ihr Gemahl.

So nahm dieser eines Morgens seine Angelrute, sattelte sein Pferd und ritt fort. Da weinte die Prinzessin bitterlich. Sie weinte Tage und Nächte und der Fluss ihrer Tränen wollte nicht versiegen. Niemand im Schloss konnte sie trösten. Doch so sehr sie auch klagte, ihr Gemahl kam nicht zurück.

Und dann, eines Nachts träumte ihr, dass ein Geist zu ihr sprach: „Geh und finde den Bären! Tue, was er dir sagt. Der Bär weiß den rechten Rat für deine missliche Lage."

Am nächsten Morgen ging sie sofort an den Fluss und stellte ein Fässchen Honig ans Ufer. Dann setzte sie sich auf den Felsen und wartete. Es dauerte nicht lange und der Bär trottete heran.

Die Prinzessin fürchtete sich, denn diesmal saß sie nicht sicher auf ihrem Pferd, sondern war umgeben von einem reißenden Strom auf einem kleinen Felsen, den der Bär leicht erreichen konnte.

Sie fasste all ihren Mut und sprach zu dem Bären: „Lieber Bär! Mein Gemahl ist fortgegangen. Ich wünsche, dass er zurückkommt. Kannst du mir helfen?"

„Warum sollte ich das tun?", antwortete der Bär ruhig. „Ich habe genug zu schaffen und kann mich nicht auch noch um alle Prinzessinnen dieser Welt kümmern."

„Ich will dir auch gerne etwas dafür geben", sprach sie. „Ich lasse dir jeden Tag ein Fässchen Honig oder Fische bringen, wenn du mir hilfst."

Der Bär brummte unwillig, drehte sich um und begann davon zu trotten. Der Prinzessin blieb nichts anders übrig, als schnell auf die

Beine zu springen und ihm nachzueilen. Sie folgte ihm entlang des Flusses, über Hügel und Wiesen, bis sie den Wald erreichten. Sie fürchtete den Drachen im Wald und wollte sich ungern zu Fuß in diese Gefahr begeben. Aber der Bär schritt weiter, ohne sich umzublicken.

Also folgte sie ihm durch das Dickicht, über Wurzeln und Steine. Ihr langes Kleid verfing sich immer wieder in Dornengestrüpp und sie musste daran ziehen und reißen, um vorwärtszukommen. Nach kurzer Zeit hing es nur noch in Fetzen an ihrem Leib.

Endlich schlüpfte der Bär, ohne sich umzublicken, in eine Höhle. Die Prinzessin stand fröstelnd davor, denn es wurde bereits dunkel und der Wald wurde kalt und unfreundlich. Sie fürchtete sich, dem Bären in seinen Bau zu folgen, aber zu so später Stunde hatte sie keine andere Wahl, wollte sie nicht dem Drachen eine leichte Beute sein. Vorsichtig krabbelte sie durch den schwarzen Eingang.

Die Prinzessin machte große Augen, als sie drinnen den Bären in einem warmen Nest liegend und drei kleine Bären sich um den besten Platz bei der Mutter rangelnd, vorfand. Sie war eine Bärenmutter!

„Da du mir bis hier her gefolgt bist, musst du dich jetzt auch nützlich machen", sprach die Bärin zur Prinzessin. „Es wird bald Winter und diese drei Kleinen hier brauchen viel Futter, um den langen Winterschlaf zu überstehen."

„Wirst du mir dann helfen?", fragte die Prinzessin, aber die Bärin brummte nur tief und wies ihr ein Nachtlager auf Stroh auf der anderen Seite der Höhle zu.

Am nächsten Morgen weckte die Bärin die Prinzessin schon vor dem Morgengrauen und sprach: "Wir müssen Beeren sammeln."

Die Prinzessin fand schnell viele Beeren und schleppte sie stolz in ihrem Kleid, das sie als Beutel zusammenraffte, in die Höhle.

„Willst du meine Kleinen vergiften?", brummte die Bärin böse, denn die Prinzessin wusste nicht, welche Beeren genießbar waren und welche nicht. Sie hatte wahllos gesammelt, was sie gesehen hatte. Die Bärenmutter schob den Haufen aus der Höhle.

Am nächsten Morgen weckte die Bärin die Prinzessin wieder vor dem Morgengrauen und sprach: "Wir müssen Wurzeln sammeln."

Die Prinzessin grub den ganzen Tag mit bloßen Händen im Waldboden, bis ihre Hände blutig wurden und schleppte viele Wurzeln in die Höhle.

„Willst du meine Kleinen töten?", brummte die Bärin wieder böse, denn die Prinzessin wusste nicht, welche Wurzeln weich und süß waren und welche zu hart und unverdaulich. Abermals schob die Bärenmutter den Haufen aus der Höhle.

Am dritten Morgen weckte die Bärin die Prinzessin wieder vor dem Morgengrauen und sie sagte: "Du kennst keine Beeren und keine Wurzeln. Aber bei Mäusen kannst du nichts falsch machen. Geh und fange Mäuse."

Am Abend kam die Prinzessin jedoch mit leeren Händen zurück, denn sie hatte nicht die Geduld gehabt, lange genug vor einem Mauseloch zu sitzen.

„So werden meine Kleinen den Winter nicht überleben", sagte die Bärin enttäuscht.

„Es tut mir leid, dass ich keine große Hilfe bin", erwiderte die Prinzessin mit hängendem Kopf. Aber die Bärin brummte nur tief und legte sich zu ihren Kleinen schlafen.

Am nächsten Morgen erwachte die Prinzessin bei Tageslicht. Die Bärin war bereits alleine auf Futtersuche gegangen. Die drei kleinen Bären saßen in ihrem Eck und blickten sie erwartungsvoll an.

„Was wirst du uns heute bringen?", fragten sie. „Wir sind schon sehr hungrig!"

Da kam der Prinzessin eine Idee. Sie lief hinaus in den Wald und brach eine lange Rute von einem Strauch. Daran band sie die Schnur einer Schlingpflanze. Dann sammelte sie Engerlinge, die sie als Köder verwenden wollte. Damit lief sie zum Fluss und stellte sich auf einen Felsen. Sie hatte ihrem Gemahl so oft beim Angeln zugesehen, dass sie jeden Handgriff kannte.

Am Abend brachte sie ihre ganze Schürze voll frischer Fische in die Höhle. Diesmal brummte die Bärin zufrieden und schob einen Teil der Fische der Prinzessin zu. Nachdem auch sie einen verspeist hatte, trocknete sie die anderen über einem Feuer vor der Höhle, um sie als Vorrat aufzubewahren.

In den folgenden Tagen fing sie so viele Fische, dass die Bärin und ihre Kinder schnell eine kräftige Fettschicht zulegten und der Vorrat der Prinzessin an getrockneten Fischen stattlich war.

Eines Tages dann, ging die Bärin nicht mehr aus der Höhle und als die Prinzessin sich auf den Weg machen wollte, um Fische zu fangen, fand sie die Welt vor der Höhle in Schnee und Eis gehüllt. Sogar der Fluss war zugefroren.

Nun schien es der Prinzessin der rechte Zeitpunkt, um die Bärin erneut um Rat zu bitten. Aber als sie die Bärin ansprach, schlief diese so tief und fest, dass selbst ein Rütteln sie nicht mehr wecken konnte.

Da beschloss die Prinzessin, zurück ins Schloss zu gehen und im Frühjahr wiederzukommen. Aber der Schnee war so hoch, dass kein Fußweg zu sehen war und sie wusste nicht, in welche Richtung sie laufen sollte. Außerdem hatte sie keinen Mantel und wäre bei der Kälte bald erfroren.

So richtete sie sich wohl oder übel in der Höhle ein, um dort auch die kalten Wochen zu verbringen und lebte von getrockneten Beeren und Fischen. Es schneite so viel, dass sie an manchen Tagen nicht nach draußen gehen konnte, weil der viele Schnee den Eingang der Höhle versperrte.

Nach vielen Wochen zwitscherte endlich der erste Vogel und sie blickte vorsichtig hinaus. Krokusse und frisches Grün sprießten durch die dünne Schneedecke. Die Bärin und ihre Kleinen waren über den Winter mager geworden, so beschloss die Prinzessin sofort an den Fluss zu gehen, um frische Fische zu fangen, bevor die Bärenfamilie erwachte.

Und genau an diesem Tage geschah es, dass zu dieser Tageszeit ihr Gemahl auf seinem Pferd des Weges geritten kam. Auch er hatte den Winter abgewartet. Er hatte in der Ferne sein Glück gemacht und war nun im Frühjahr auf dem Rückweg ins Schloss. Als er ein angelndes Mädchen, so wie einst er selbst, am Fluss auf einem Felsen stehend erblickte, wurde er neugierig.

Die Kleider und das Haar des Mädchens waren so schmutzig und zerrissen, dass er seine Frau nicht erkannte. Gerade als er sich nähern wollte, um sie anzusprechen, erblickte er aber einen Bären auf das Mädchen zu trotten. Er erhob seine Armbrust und zielte auf das Tier.

Als die Prinzessin den Jäger erblickte und der Gefahr gewahr wurde, sprang sie vor die Bärin und breitete schützend ihre Arme aus. Auch sie übersah das bekannte Gesicht ihres Gemahls, so sehr fürchtete sie um das Leben der Bärenmutter.

„Tu ihr nichts zuleide! Es ist nicht nötig, dass du schießt, Jäger! Es besteht keine Gefahr."

Und als sie sich so ansahen, erkannten sie sich gegenseitig. Freudig fielen sie sich in die Arme und lachten und weinten zugleich.

„Nun kannst du nach Hause gehen", sprach die Bärin. „Du brauchst meinen Rat nicht mehr. Die Hilfe, die du einst von mir erkaufen wolltest, hast du selbst gefunden. Der Winter ist vorüber. Ich muss nun weiterziehen und meinen Kleinen die Welt zeigen, wo sie ihr eigenes Revier finden werden."

Die Prinzessin umarmte dankbar die Bärenmutter, reichte ihr die gefangenen Fische und kletterte auf das Pferd hinter ihren Gemahl.

„Vergiss die Höhle nicht. Du wirst sie hier immer vorfinden und wenn du in Not bist, wirst du dort im Herbst eine goldene Nuss finden", sprach die Bärin. Dann wendete sie sich um und trottete davon.

Die Prinzessin und ihr Gemahl ritten zurück ins Schloss. Dort war die Freude so groß wie die Überraschung, beide nach so langer Zeit glücklich vereint und zufrieden wiederzufinden.

Von diesem Tag an erließ das Königspaar das Gesetz, dass niemand mehr Bären jagen durfte.

Und jeden Herbst ging die Prinzessin an den Fluss und ließ einen großen Korb voller Fische dort stehen. Und jedes Jahr kamen drei Bären mit ihren Kleinen, um sie zu holen.

Transactional Analysis Fairy World

Psychological fairy tales for adults for inner growth

ISBN: 978-3743163195

The "Transactional Analysis Fairy World" is a collection of new fairy tales written for adults who consider their inner growth a never-ending process. The short stories are written in style and language of traditional fairy tales. Fairy tales have an unconscious impact on the reader or listener. That is why, even though these stories are based on the philosophy of Transactional Analysis, anybody can enjoy reading them without any knowledge on theory or models. The stories are self-contained without a fixed sequence, taking place in the same kingdom with many characters featured throughout. The tales break open traditional role models without losing fascination of their historical ancestors.

Mondo delle Favole Analisi Transazionale

Favole e racconti psicologici per lo sviluppo della personalità

ISBN: 978-3749447145

Il Mondo delle favole nell'Analisi Transazionale è una collezione di favole per adulti interessati al tema dello sviluppo della personalità come un processo continuo. Esse sono narrate in uno stile antico simile alle favole storiche brevi. Operando a livello inconscio, ogni storia è creata sulla base della filosofia dell'Analisi Transazionale (AT), allo scopo di trasmettere messaggi impliciti che anche un lettore ignaro dei modelli e delle teorie dell'AT può apprezzare. I racconti sono raggruppati in storie singole, in cui non vi è una sequenza prescritta; tuttavia essi si congiungono a comporre una storia più grande le cui figure si rincontrano nello stesso regno. I racconti rompono delicatamente i ruoli e i modelli di comportamento tradizionale senza perdere il fascino delle figure storiche delle favole.

Auszug aus dem Buch „Spiele der Tiere"
Fabeln für Erwachsene zur Spiele-Theorie der Transaktionsanalyse

Der Hamster und die Maus

Eine vorlaute Feldmaus hatte es sich ausgerechnet im Hause eines Katers bequem gemacht. Sie führte ein gutes Leben, hatte ausreichend zu essen, ein wärmendes Dach über dem Kopf, konnte kommen und gehen, wie es ihr beliebte und musste sich nicht abmühen, wie die anderen Feldmäuse draußen. Nur den Kater musste sie im Auge behalten. Aber der war ein alter Geselle und nicht mehr sehr geschickt im Jagen. Da sich die Maus also wenig um ihr alltägliches Überleben sorgen musste, suchte sie sich einen anderen Zeitvertreib. Aus ihrem sicheren Mauseloch heraus beobachtete sie seit einiger Zeit den Hamster, der emsig in seinem Rad lief. Tagein, tagaus tat er nichts anderes und sie fragte sich allmählich, ob ihm dies wohl Vergnügen bereitete. „Was rennst du immer, als ob dein Leben davon abhinge, ohne je an deinem Ziel anzukommen?", fragte sie ihn eines Tages.

Der Hamster blieb aufgrund dieser unerwarteten Worte plötzlich stehen, purzelte einmal über sich selbst und richtete sich dann auf.

„Du läufst doch auch den ganzen Tag", antwortete der Hamster. „Ich sehe dich immer hin- und herlaufen, hierhin und dorthin. Nichts anderes tue auch ich."

„Ich laufe nach draußen, wo die Sonne scheint", entgegnete daraufhin die Maus. „Oder nach drinnen, wenn es regnet und kalt ist. Es ist wunderbar so frei entscheiden zu können, wohin man gehen will. Es ist ein Jammer, dass du mich nicht begleiten kannst. Du Ärmster kannst nur im Kreise rennen. Das muss doch recht langweilig sein?"

Der Hamster legte die Stirn in Falten.

„Ja, gewiss", gab er schließlich seufzend zu, „wenn nur der Käfig nicht wäre! Ich würde auf große Reisen gehen und aufregende Spaziergänge machen, so wie du."

„Ich, an deiner Stelle, würde verrückt werden", behauptete die Maus daraufhin. „Wie hältst du das nur aus?"

„Mir bleibt ja nichts anderes übrig!", wetterte der Hamster. „Ich kann die Tür zu diesem Käfig selbst nicht öffnen. Das kann nur von außen geschehen. Was würde ich nicht alles tun, wenn mich der Käfig nicht eingeschlossen halten würde! Bestimmt würde ich für sehr lange Zeit weit über die Felder in den Wald laufen. Warst du je dort? Stimmt es, dass die Bäume so hoch sind, dass sie in den Himmel wachsen?"

Die Maus unterhielt sich prächtig und hatte die größte Freude an diesem Zeitvertreib. Begeistert erzählte sie dem Hamster von ihren Erfahrungen im Wald.

„Noch viel höher!", prahlte sie. „Die Bäume sind so hoch, dass man die Kronen von unten nicht sehen kann. Man kann ein Stück hinaufklettern, wenn man mutig genug dazu ist. Ich habe das einmal gemacht, obwohl dort oben – so sagt man – Gefahren lauern. Dort leben Adler und Eulen und andere gefräßige Raubvögel, die nur darauf warten, dass einer wie wir direkt in ihr Nest läuft. Dann machen sie aus uns eine willkommene Mahlzeit."

Mit schaudernder Begeisterung lauschte der Hamster den abenteuerlichen Geschichten der Maus.

„Ich würde bestimmt versuchen, auf einen solchen Baum zu klettern!", brüstete er sich überzeugt. „Ich würde zu gerne einmal sehen, wie groß die Welt ist. Bestimmt kann man von ganz oben bis ans Ende der Welt schauen."

„Bis in die Stadt auf jeden Fall", gab sich die Maus weitgereist und erfahren.

„In die Stadt?", rief der Hamster träumend. „Warst du dort auch schon? Ich würde auf das höchste Gebäude klettern, um die Menschen einmal klein von oben zu betrachten. Was muss das für ein erhabener Anblick sein!"

„In der Tat", bestätigte die Maus heftig nickend, „von dort sehen sie aus wie Ameisen, die man leicht zertreten könnte. Und Katzen sieht man gar nicht mehr, so klein sind die von dort oben. Ein Anblick wie das Paradies, sage ich dir!"

Da beklagte sich der Hamster wie nie zuvor und begann sich noch schlimmer über den Käfig zu ärgern, der ihn so gnadenlos von all diesen Abenteuern und Vergnügungen abhielt. Er redete sich recht in Rage und wollte gar nicht mehr aufhören, sich über sein Schicksal zu echauffieren. Als die Maus das hörte, trat sie aus ihrem Loch an das Gitter heran, legte beide Pfoten an das Schloss und säuselte: „Ich könnte dir die Tür öffnen?"

Der Hamster guckte erstaunt auf, dann schüttelte er den Kopf.

„Das kannst du nicht!", gab er zu bedenken, „das können nur die Menschen."

„Papperlapapp!", tönte die Maus und schob den Riegel beiseite.

Die Tür sprang auf, die Maus öffnete sie sperrangelweit und lud den Hamster mit einer eleganten Bewegung des Armes in die Freiheit ein. Dieser jedoch stand wie angewurzelt vor seinem Laufrad und blickte hinaus durch das offene Tor. Aber er bewegte sich keinen Zentimeter. Da war schließlich keine schützende Hand eines Menschen, die ihn hochhob und streichelte. Es war gähnende Weite, die sich vor seinem Auge auftat.

„Die Tür ist geöffnet!", tönte die Maus und wiederholte ihre einladende Armbewegung wie ein Diener, „möge der edle Herr herauskommen!"

Der Hamster drehte sich einmal um die eigene Achse, als suche er etwas.

„Das kommt doch sehr plötzlich!", sagte er schließlich. „Man muss ein wenig Proviant einpacken, wenn man auf Reisen geht. Ich habe keinen Rucksack gepackt!"

„Darüber mach' dir keine Sorgen", entgegnete die Maus. „Ich habe genügend Vorrat in meinem Loch. Ich gebe dir davon ab."

„Aber ich brauche doch eine Jacke!", überlegte der Hamster dann. „Wer weiß, wie kalt es da draußen ist?"

„Dein Fell ist doch dicker als meines", lachte die Maus ihn aus. „Darüber musst du dir wirklich keine Gedanken machen. Komm schon!"

Der Hamster rüttelte unschlüssig an seinem Laufrad.

„Aber wie stelle ich es an, mein Laufrad mitzunehmen? Das kann ich auf keinen Fall zurücklassen!"

„Was willst du mit einem Laufrad, wenn du frei durch die Welt spazieren kannst?", fragte die Maus ungeduldig. „Das schwere Rad zu tragen, behindert dich doch nur in deiner Bewegungsfreiheit!"

„Das schon", gab der Hamster zu, „aber ich könnte mich bei Gefahr immer sofort darunter verstecken."

„Welch ein Unsinn!", wetterte nun die Maus auf ihn ein. „Du bist ein rechter Feigling! Gib es nur zu, dass du Angst hast. Erst großspurig angeben und dann den Schwanz einziehen. Du hast die Hosen voll, das ist es!"

Das wollte der Hamster nun doch nicht auf sich sitzen lassen, obwohl ihm unwohl dabei war.

„Pah!", machte er, richtete sich stolz auf und trat hinaus durch die geöffnete Tür.

Doch kaum hatte er drei Schritte getan, sprang plötzlich der Kater des Hauses aus einer Ecke hervor, direkt auf die beiden zu. Erschrocken rannte der Hamster ohne rechte Orientierung davon und die Maus sauste einmal um den Käfig. Der Kater war zwar alt, aber er war ein erfahrener Jäger und wusste die eingebüßte Wendigkeit seiner Knochen durch Klugheit zu ersetzen. Er sah sofort, dass der Hamster die leichtere Beute war und er deshalb zunächst die Maus fangen sollte. So ließ er den Hamster laufen und holte mit seiner Pfote aus, um der Maus ihren Fluchtweg abzuschneiden. Nur um Millimeter verpasste er ihren Schwanz, als sie sich mit einem Sprung in den Käfig rettete und die Tür hinter sich zuschlug. Verdrießlich guckte der Kater ihr hinterher, erkannte die Ausweglosigkeit der Sache und wendete sich deshalb dem anderen Fluchttier zu.

Der Hamster war indes, so schnell ihn seine Füße tragen konnten, zum Mauseloch gerannt. Vergeblich versuchte er sich hineinzuzwängen. Aber er war zu dick für das kleine Loch und steckte mit dem Kopf fest. Der Kater kam gemächlichen Schrittes heran, denn er erkannte, dass der Hamster nun eine noch leichtere Beute für ihn war. Es war keine Eile geboten.

In Todesangst stemmte sich der Hamster mit seinen Pfoten mit aller Kraft gegen die Wand, um seinen Körper aus dieser Gefangenschaft zu lösen. Gerade im letzten Augenblick machte sein Kopf einen Ruck. Er fiel rücklings auf den Boden und schlitterte über das Parkett direkt unter den Beinen des Katers hindurch bis unter das Sofa, wo er außer Atem liegen blieb. Der Kater wendete sich um und setzte sich wartend davor. Er wusste, dass der Hamster dort nicht für immer bleiben konnte und wenn er etwas in seinem langen Leben gelernt hatte, war es, dass Geduld sich auszahlte.

„Das habe ich nun davon!", schimpfte die Maus hinter den Gittern hervor, hinüber zu dem Hamster. „Jetzt sitze ich in diesem blöden Käfig und bin gefangen! Alles nur, weil du so ein Feigling bist und so ein Theater gemacht hast!"

„Was beklagst du dich?", schnauzte der Hamster unter dem Sofa hervor zurück. „Du sitzt in Sicherheit, dir kann der Kater nichts! Ich hatte doch recht! Es ist deine Schuld, dass ich das Hamsterrad nicht mitgenommen habe und nun sitze ich hier in der Falle. Ich habe nur getan, was du mir gesagt hast! Und nun sieh her, was du angerichtet hast!"

Während die beiden Nagetiere sich gegenseitig weiter Vorwürfe an den Kopf warfen, saß der Kater stoisch zwischen ihnen und wartete. Nach einer Weile gingen den Streithähnen die Worte aus. Sie guckten nur noch in Verdruss in die Richtung des anderen und bedauerten im Stillen, nicht an dessen Stelle zu sitzen. Der Hamster dachte, wie sicher er im Käfig wäre und die Maus sehnte sich nach ihrem Loch, in dem die leckeren Vorräte verstaut waren. So vergingen die Stunden, ohne dass sich etwas bewegte. Der Hamster zitterte unter dem Sofa, die Maus saß gelangweilt vor dem Hamsterrad und der Kater behielt beide streng im Auge.

„Du Ärmster!", richtete die Maus, nach einer weiteren langen Zeit des Schweigens, endlich das Wort an den Kater. „Was sitzt du da vor dem Sofa und wartest? Das ist doch eine recht sinnlose Angelegenheit. Was willst du denn jetzt tun? Dem Hamster darfst du kein Haar krümmen, wenn du nicht willst, dass die Menschen böse mit dir sind. Du darfst nur mich jagen. Aber ich sitze hier in Sicherheit!"

Der Kater machte ein überraschtes Gesicht, denn daran hatte er im Eifer der Jagd nicht gedacht.

„Genau!", rief nun auch der Hamster unter dem Sofa hervor. „Du darfst mir nichts zuleide tun! Die Maus aber, die dürftest du jagen. Zu blöd, dass die jetzt in meinem Käfig sitzt und du nie mehr an sie herankommst. Nie wieder im Leben! Und was ist denn das für ein Leben? Du, als stolzer Kater, hast keine Maus mehr, die du jagen kannst? Du bist ein Nichts!"

Genau in diesem Sinne redeten die Maus und der Hamster weiter beharrlich auf den Kater ein, bis dieser so verunsichert wurde, dass er selbst nicht mehr wusste, was er denken sollte. Er blickte verdrießlich auf seine Pfoten und begann verlegen mit den Krallen zu spielen. Was die beiden da sagten, war nur allzu wahr. Wenn er den Hamster anstelle der Maus fing, riskierte er wirklich den Ärger der Menschen. Und wenn diese darüber hinaus erst einmal bemerkten, dass er zu nichts mehr taugte, wer weiß, ob sie ihn dann noch im Haus dulden würden?

„Ich an deiner Stelle würde mir große Sorgen machen", setzte die Maus noch hinzu. „Du hast schon viel zu lange gewartet. Jede weitere Minute riskierst du, dass man dich entdeckt und dann ist es aus mit dem bequemen Leben hinter dem warmen Ofen."

„Ach, bleibt doch wo der Pfeffer wächst!", winkte da der Kater mit der Pfote ab, erhob sich und trottete von dannen. Sofort huschte der Hamster zu dem Käfig, entriegelte die Tür, sprang hinein, während die Maus gleichzeitig heraussprang, den Riegel vorschob und im Mauseloch verschwand. Mit größtem Vergnügen betrachtete sie dort ihre Vorräte und machte sich hungrig darüber her. Die Erleichterung des Hamsters konnte auch nicht größer sein. Lustig sprang er sogleich in sein Hamsterrad und marschierte pfeifend los, rundherum und rundherum und rundherum.

Seit diesem Tage hörte man ihn nie wieder sich über den Käfig beklagen und die Maus vermied es mit größter Sorgfalt, ihn jemals wieder zu bedauern oder versehentlich in die Nähe des Hamsterkäfigs zu geraten.

Doch wie der Hamster so in seinem Rad dahinlief, kam er ins Nachdenken über diese Geschichte. Er fragte sich, ob er das Abenteuer nicht ab und zu wagen könnte? Und auch die Maus dachte darüber nach, hin und wieder auszuruhen und nicht ständig vor dem Kater in Acht sein zu müssen. Selbst der Kater überlegte, dass es doch ein viel geruhsameres Leben wäre, wenn er die beiden in Frieden lassen würde.

Und so kam es, dass nachts, wenn die Menschen schliefen, die Maus immer öfter die Tür des Käfigs öffnete. Dann ging der Hamster draußen spazieren, die Maus genoss die Ruhe im weichen Bett des Käfigs und auch der Kater ließ sie gewähren und richtete es sich in der Wärme des Ofens ein.

Weiß der Kuckuck, wie der Hase läuft
Tiergeschichten für Kinder
über Fühlen und Denken
(Für Kinder ausgewählte Fabeln der Transaktionsanalyse)
ISBN: 9783753463834

Spiele der Tiere
Fabeln für Erwachsene zur Spiele-Theorie der Transaktionsanalyse
ISBN: 9783753435374

Warum transportiert ein Hai einen kleinen Hund auf seinem Rücken? Wieso will ein Papagei ein Nilpferd heiraten? Und wer hat überhaupt jemals ein fleißiges Faultier gesehen? In diesen Geschichten ist es aber so. Und das hat auch alles seinen Grund, auch wenn der nicht immer ein guter ist. Aber die Tiere sind schlau. Sie haben Ideen, obwohl es manchmal etwas dauert. Doch vielleicht hast ja auch du noch einen Einfall und kannst ihnen helfen?
„Weiß der Kuckuck, wie der Hase läuft" ist ein Kinderbuch zum Vor-lesen oder selbst lesen. Die Fabeln erzählen von Streit zwischen verschiedenen Tieren, wie sie sich auch wieder versöhnen und aus den Ereignissen lernen. Die Geschichten eignen sich gut, um in Gruppen mit Kindern darüber zu diskutieren. Die Fabeln erzählen von Verantwortung für das eigene Verhalten. Die Geschichten sind speziell für Kinder ausgewählte Fabeln aus dem Buch zur Spieletheorie „Spiele der Tiere".

„Spiele der Tiere" ist eine Sammlung neuer Fabeln für Erwachsene nach der Spiele-Theorie der Transaktionsanalyse (TA). Die Geschichten sind leicht verständlich, kurz und in traditionellem Stil gehalten. Die Erzählungen behandeln ausschließlich das Thema der psychologischen Spiele nach Eric Berne (teilweise auch Gefühlsmaschen). Die Fabeln erzählen anschaulich und verständlich verschiedene Beispiele von typischen Maschen und Spielen Erwachsener, deren vorhersehbares, ungutes Ende, und auch, wie man aus dieser Dynamik aussteigen kann. Sie vermitteln auf diesem Wege eine Botschaft, die der Leser auch ohne Vorkenntnisse der TA auf sich wirken lassen kann.

Kleine Feigheiten
Kurzgeschichten zum
Nachdenken und Nachspüren
ISBN: 9783751972895

Wie würde unser Leben verlaufen, wenn es die kleinen Feigheiten nicht gäbe? Diese Momente, in denen wir davor zurückschrecken zu tun, was richtig ist. Oder wir eine neue Erfahrung zulassen könnten, die uns weiterbringen würde? Wenn wir uns nicht aus einem Impuls heraus ab*schirmen* würden? Wenn wir immer und in jeder Lage überlegt und bewusst handeln könnten? Nicht aus abgewogenem Risiko, sondern aus dem schlichten Grund, den Mut aufbringen zu können, um aus der eigenen Komfortzone zu treten. Dieses Buch ist eine Aneinanderreihung von Kurzgeschichten in den späten siebziger Jahren, zum Nachdenken und in sich gehen, über Personen, die unterschiedlicher nicht sein könnten und doch vieles gemeinsam haben.

Das Glück ist ein Miststück
Ein ironisch-psychologischer
Roman über Wendepunkte im Leben

Lissy ist als reife Journalistin glücklich wie noch nie. Da ereilt sie auf geradezu groteske Weise der Verlust ihrer großen Liebe. Ihre beiden Schwestern stehen ihr zur Seite, als sie entdecken, dass die Urne des Dahingeschiedenen vertauscht wurde. Lissy setzt alles daran, die Asche ihres Geliebten um jeden Preis zurückzuholen und gerät damit in ein riskantes Fahrwasser, das die drei Frauen vor immer mehr irritierende und spannende Situationen stellt. Lebens-lange, gewohnte Verhaltens-weisen scheinen vor diesen absonderlichen Konstellationen plötzlich nicht mehr zu funktionieren. Jede wird mit ihrem Selbst konfrontiert. Während Lissy sich der Trauer nur widerwillig und von den Umständen gezwungen schließlich stellt, muss sich ihre ältere Schwester Elena mit dem Verlust der Kontrolle über ihre Familie abfinden. Und auch Corinna, die Jüngste der Drei, muss erkennen, dass die für ihre Beziehung erbrachten Opfer Selbst-betrug sind. Es wird nötig, neue Wege zu gehen. Ein ironisch-psychologischer Roman mit hintergründigem Humor, über Wendepunkte im Leben, Glück im Unglück, die Konfrontation mit dem eigenen Selbst.

Trilogie "Das Vermächtnis des Penato"
Eine humorvolle Reise nach Italien

Roman 1

Massimiliano
Dolce Vita auf leisen Pfoten

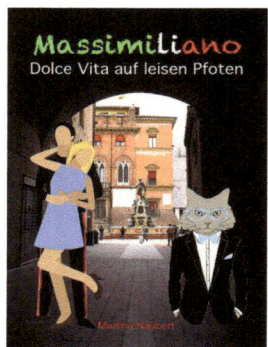

Illustrierte Ausgabe
ISBN-10: 3748166931
ISBN-13: 978-3748166931

Taschenbuch
ISBN-10: 1549894935
ISBN-13: 978-1549894930

Es scheint ein eigenwilliger, aber liebenswerter Kater zu sein, der sein neues Zuhause bei der deutschen Lisa sucht, die für ihre Firma drei Jahre in Italien arbeiten wird. Doch während die junge Frau nach ihrer Ankunft mit den ersten praktischen und kulturellen Unterschieden zu kämpfen hat, entpuppt sich das kluge Tier als römischer Hausgeist in Designeranzug und Sonnenbrille. Massimiliano verfolgt, ganz Kater, seine eigenen Ziele und setzt dabei, ganz Hausgeist, seine über zweitausend Jahre entwickelten Fähigkeiten geschickt ein, um Lisas Liebesleben nach seinem Gusto zu gestalten. Eine humorvolle Liebeskomödie in Italien mit spritzigen Dialogen über kulturelle Missverständnisse, in welcher ein eleganter Hausgeist als Kater im Designeranzug herumspukt.

Roman 2

Massimiliano
Verliebt in Bella Italia

Illustrierte Ausgabe
ISBN-10: 3748192924
ISBN-13: 978-3748192923

Taschenbuch
ISBN-10: 1983344311
ISBN-13: 978-1983344312

Die bis über beide Ohren verliebte deutsche Lisa ist mit ihrem neuen Leben und ihrer neuen Liebe in Bologna überglücklich, als eine geheimnisvolle Nachricht sie in den Süden des Landes in das einst durch den Vulkanausbruch verschüttete Pompeji lockt. Während sich dort die Ereignisse überstürzen und Lisa und der charmante *Carabiniere* Marco mit kulturellen Unterschieden in ihrer deutsch-italienischen Beziehung kämpfen, spinnt der *geist*reiche Kater Massimiliano seine Fäden, um die beiden in seine ganz eigenen Pläne zu verwickeln. Eine humorvolle Beziehungskomödie in Italien mit spritzigen Dialogen, in welcher ein eleganter Hausgeist als Kater in Designeranzug herumspukt.

Roman 3

Massimiliano
Rezept für Liebe piccante

Illustrierte Ausgabe
ISBN-10: 3749478368
ISBN-13: 978-3749478361

Taschenbuch
ISBN: 9781796650327

Endlich darf die deutsche Lisa nach dreimonatiger Trennung ihren italienischen Traummann wieder in die Arme schließen. Doch das verliebte Paar kann seine Frühlingsgefühle in Bologna kaum genießen. Eine Überraschung nach der anderen stürmt auf die beiden von deutscher und italienischer Seite ein. Selbst der *geist*reiche Kater Massimiliano kann dem Treiben nicht entkommen, obwohl er selbst gehörigen Anteil an manchem Durcheinander hat. Die frische Liebe wird ernsthaft auf die Probe gestellt. Eine humorvolle Beziehungskomödie in Italien mit spritzigen Dialogen, in welcher ein eleganter Hausgeist als Kater in Designeranzug herumspukt.

Massimiliano
Geheime Rezepte
Alltagstaugliche Kochanleitungen
aus der Feder eines über 2000-Jahre alten Chefkochs aus Italien

Geplante Veröffentlichung 2021

Für den Fall, dass du mich noch nicht kennen solltest: Ich heiße Massimiliano und bin ein 2000-Jahre alter Penato, ein sehr alter, römischer Hausgeist sozusagen. Nun gut, ich sehe aus wie ein Kater, aber das zu erklären führt hier zu weit. Ihr könnt aber alles über mich und meine Abenteuer in meinen drei Büchern lesen. Als Penato verantwortlich für alles, was meine Familie nährt - so will es die Tradition - ist es nicht weiter verwunderlich, dass ich mich zu einem großen Koch entwickelt habe. Ich will mich nicht rühmen, aber die Jahre der Erfahrung lügen nicht. Lisa und Marco, meine Familie, wollten nicht daran glauben, dass ich als Hausgeist in der Lage bin, ein Buch zu schreiben. Aber, wie man im dritten Teil meiner Geschichte nachlesen kann, bin ich dazu sehr wohl fähig. Diese neuen Rezepte sind mediterran, außerordentlich lecker, gesund und vor allen Dingen: einfach zuzubereiten. Und trotzdem wirst du damit immer Lob einheimsen, das kann ich dir garantieren. Aber nicht weitersagen! Das muss unter uns bleiben. Hier also mein alltagstaugliches Kochbuch aus Italien mit kombinierbaren schmackhaften Rezepten für dein ganz persönliches Menu, und dabei auch noch unterhaltend zu lesen. 2000 Jahre Erfahrung – muss ich mehr sagen?